織田信長と京都

河内将芳

戎光祥出版

目次

Ⅱ 京都と安土の往復（天正五年〜天正九年）……131

故地を訪ねて

凡　例

・本書は、二〇一八年に刊行された『宿所の変遷からみる　信長と京都』（淡交社）を増補改訂・改題のうえ、『織田信長と京都』として刊行するものである。

・本書に掲載した絵画史料はすべて、「上杉本洛中洛外図屛風」（国宝、米沢市上杉博物館所蔵）の部分である。

・「信長在京表」の典拠については、古記録は略称を、古文書はそのままの名称とした。古記録の略称は以下のとおり。言継卿記→言継、御湯殿上日記→御湯、兼右卿記→兼右、多聞院日記→多聞、晴右記→晴右、継芥記→継芥、二条宴乗記→二条、兼見卿記→兼見、尋憲記→尋憲、孝親公記→孝親、東寺執行日記→東寺、宗及他会記→宗及、宣教卿記→宣教、大外記中原師廉記→大外、中務大輔家久公御上京日記→中務、言経卿記→言経、晴豊記→晴豊、日々記→日々、公卿補任→公卿。編纂物の略称は（細川両家記→細川）、（信長公記→信長）。

・和風漢文の引用史料については、読みやすさを優先し、読みくだしにした。また、かな書の史料については、適宜、漢文に直した。

京都周辺関係地図

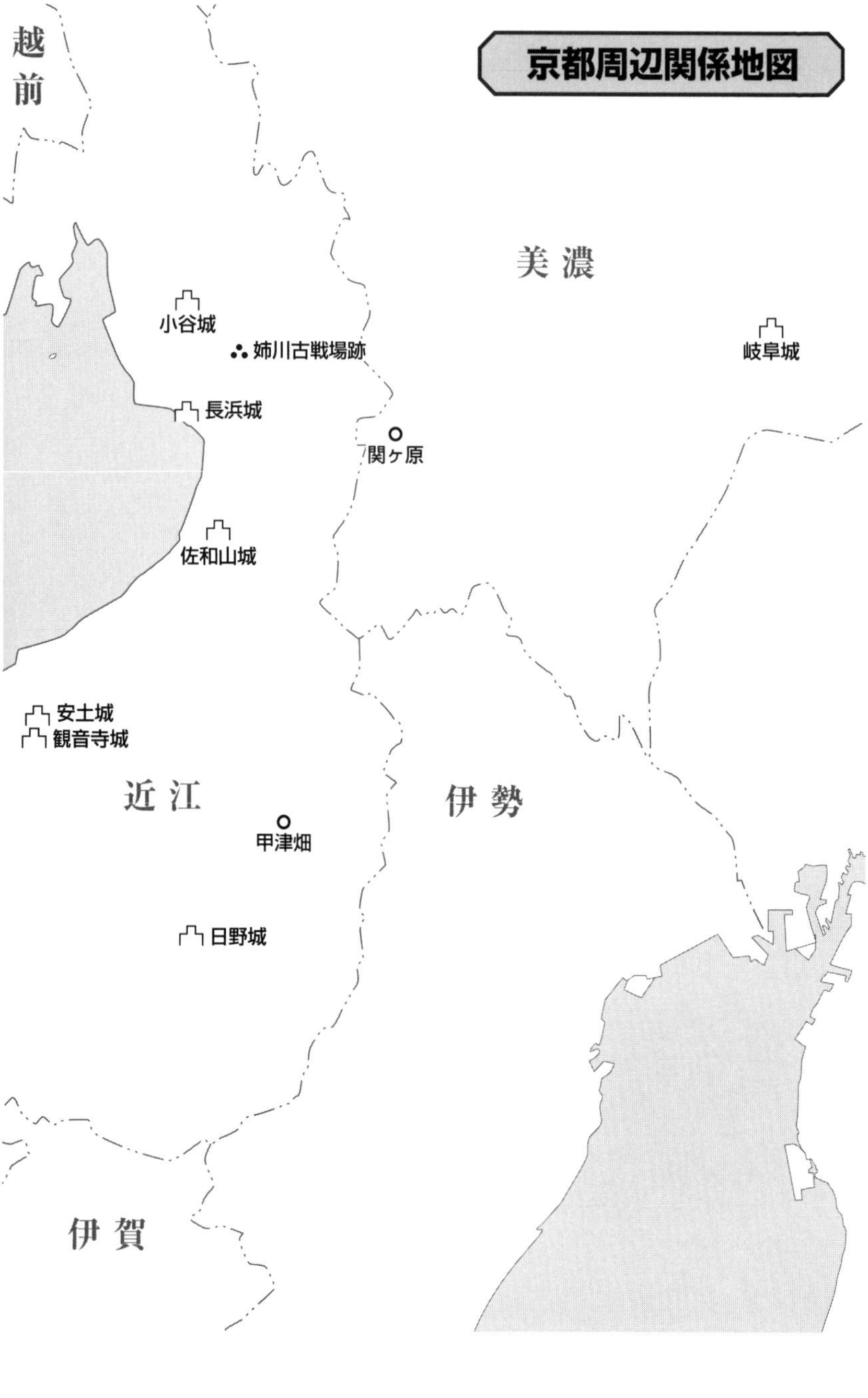

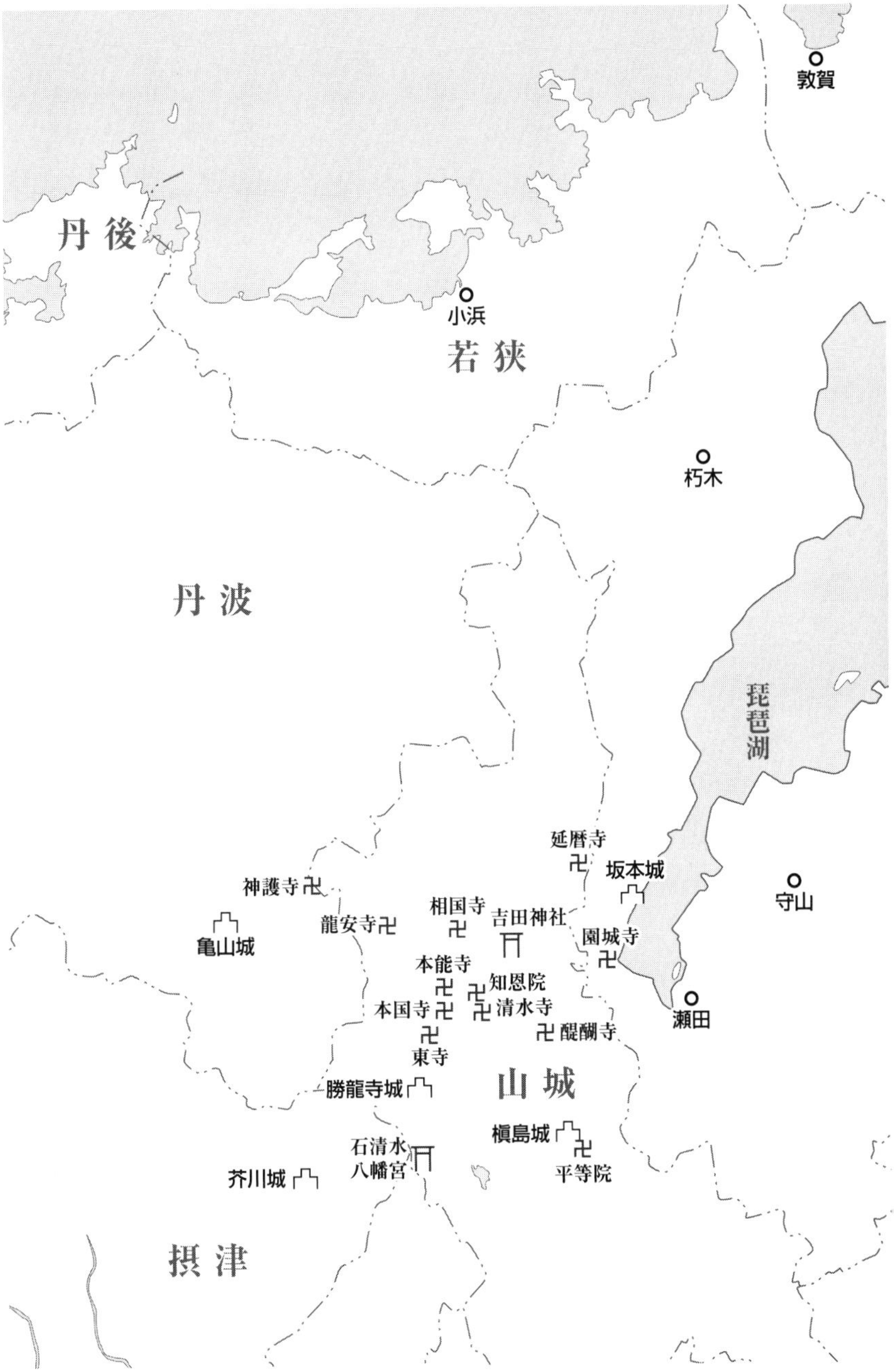
敦賀
丹後
小浜
若狭
朽木
丹波
琵琶湖
延暦寺
坂本城
守山
神護寺
相国寺
吉田神社
龍安寺
亀山城
園城寺
本能寺
知恩院
本国寺
清水寺
瀬田
醍醐寺
東寺
勝龍寺城
山城
槇島城
石清水八幡宮
平等院
芥川城
摂津

プロローグ――京都のなかの信長の足跡

京都と信長の関係

唐突ではあるが、織田信長《おだのぶなが》が死んだのはどこかとたずねられれば、おそらく多くの人びとは本能寺《ほんのうじ》とこたえるだろう。それでは、その本能寺はどこにあったのかとたずねられれば、これまたほとんどの人びとが京都とこたえるにちがいない。

ここまでは、高等学校の日本史の教科書にも「本能寺の変」として記されており、その記憶をたどってこたえることができたという人もいるだろう。あるいは、「本能寺の変」といえば、数ある日本史上のできごとのなかでも有名な部類に入るそうだから、それほど歴史にくわしくない人でもこたえられる問いかけであったのかもしれない。歴史的な事実としても、天正《てんしょう》十年（一五八二）の旧暦六月二日の早朝、織田信長が京都の本能寺において明智光秀《あけちみつひで》の軍勢に襲われ、命を落としたことは動かしがたいできごとといえる。(1)

ところが、これからあとの問いかけとなると、専門家を含め、歴史に関心をもつ人ほど、つぎのような方向へと向かっているように著者にはみえる。いわく、なぜ明智光秀は信長を裏切ることになったのか、あるいは信長と光秀との関係はどのようなものだったのか、さらには光秀は単独で信長を襲ったのか、などなど。

こうなると、できごとがおこった本能寺も、京都も、その視界からしだいに遠ざかっていかざるをえなくなる。問題は、信長とその政権をめぐる政治的な争いやかけひきへと舞台を移していくことになるからである。

しかしながら、それでよいのだろうか。そもそも、できごとや事件というのは現場と無縁におこることなどないのではないだろうか。とすれば、まずは現場にもっとこだわってもよいのではないだろうか、と考えるのは著者だけであろうか。

もとより本書は、「本能寺の変」を対象とした書物ではない。また、そのような政治史上の大問題を考える能力など著者はもち合わせていない。むしろ本書は、京都という都市の歴史にこだわりつづけてきたものとして、京都にとって信長とはどのような存在だったのか、あるいは逆に、信長にとって京都とは何だったのかということを考えてみるための基礎的な材料を提示してみようというものになる。

すでに著者は、『信長が見た戦国京都―城塞《じょうさい》に囲まれた異貌《いぼう》の都―』（法藏館文庫、二〇二〇年、初出は二〇一〇年）のなかで、中世京都の歴史の流れと信長との接点についてふれたことがある。本書では、さらに一歩ふみこんで、できごとがおこった現場に目をこらし、京都と信長の関係についてより深く考えてみようというわけだが、具体的には、信頼できる古文書《こもんじょ》や古記録など文献史料をとおして、可能なかぎり京都における信長の足跡、とりわけ宿所《しゅくしょ》がどこにおかれたのか、その変遷をたどっていきたいと思う。

あくまで京都のなかだけのことではあるものの、いつどこに信長がいたのか、そのことを可能な範囲で追いかけ、信長が見た風景とはどのようなものであったのか、逆に京都が見た信長とはどのようなすがただったのかを考えてみようと思う。

そして、そのうえで、現場にこだわる立場としては、現地（故地）を訪れ、失われた過去の痕跡をわずかでも感じとることができればと思う。もちろん、歴史都市として知られる京都でさえ、およそ四百数十年という年月のへだたりはいかんともしがたく、当時の建物や施設が残されていることなどほとんど期待できない。それでも、文献史料によってあきらかとなった現場を訪れ、たちどまってみることは無駄にならないであろう。

なお、本書でいうところの京都とは、エピローグでもふれるように、都市としてのそれにとどまらない多様な意味合いが込められたことばとして当時もつかわれている。したがって、本書でいうところの京都と信長の関係もまた、ひとつの都市と信長との関係といった単純なものでないことに留意しながら読みすすめていただければと思う。

信長の足跡をたどる

そこでまずみていただきたいのが、第一章以降の各ページに適宜、配置した「信長在京表」（21・34～37・40・54～57・64・68～72・89～90・93～96・98～102・108～109・132～134・138～142・150～153・155～157・162～163・177頁）である。これは、何年何月何日に信長が入京（上洛）し、そして出京（下向《げこう》）したのか、つまりどれぐらい在京したのかという点について、その宿所とともに一覧表にしたものである。

基礎となるデータは、堀新氏の研究成果「織田信長の居所と行動」（藤井讓治編『織豊期主要人物居所集成』思文閣出版、二〇一一年、増補第3版が二〇二四年に刊行）によるものだが、典拠となる史料をあらためて蒐集したうえで若干の加工もほどこしている。[2] とりわけ信長の伝記として知られる太田牛一著『信長公記《しんちょうこうき》』（『信長記』）にはできるだけたよらず、同時代史料である古文書や古記録などを優先したことが特徴といえよう。

むろん、信長の足跡をたどっていくにあたって、『信長公記』が有用な史料であることはいうまでもない。[3] しかしながら、それが書かれ、編集されたのは、あくまで信長の死後かなりの時間をへたものであり、古文書や古記録とは一定の距離をおいておくのが定石ではないかと考えた次第である。

しかも、本書の舞台は京都であり、公家や僧侶など同時代史料の書き手にはこと欠かない。そのこともあって、『信長公記』など編纂物によったところには、念のため、（　）をつけて区別できるようにしておいた。

ところで、「信長在京表」では永禄《えいろく》十一年（一五六八）から天正十年（一五八二）までの十五年間という時間幅をとったが、これは『信長公記』が十五巻（十五帖）に分けられ、編集されていることと似通っている。

『信長公記』が十五巻に分けられたゆえんは、岡山大学附属図書館池田家文庫所蔵の『信長記』[4]第一に記された太田牛一直筆の奥書《おくがき》によれば、「信長公天下十五年仰せ付けられそうろう、愚案をかえりみず、十五帖にしたため置くなり」とあるように、永禄十一年九月に信長が足利義昭《あしかがよしあき》とともに上洛して以降、十五年にわたって「天下」を「仰せ付け」たとの牛一の認識によるものである。

対して、「信長在京表」の場合は、永禄十一年よりまえに信長が上洛したことが確認できるのが永禄二年（一五五九）だけであること、しかも信長が滞在したのは、同年二月二日から七日（『言継卿《ときつぐきょう》記《き》』二月二日・七日条）というきわめて短期間であったことから[5]、とりあえずのぞいたまでとなる。

短かった信長の在京

それでは、「信長在京表」を一瞥してどのようなことが読みとれるだろうか。あらためて表にしてみると、これまで文字の情報としてだけ把握されてきた信長の在京のようすが視覚的にもみてとれるようになったと思われる。

くわしいことについては、第一章以降においてみていくことにして、すぐにみてとれることとしては、年によってかなりのばらつきがあったという点があげられよう。一年のあいだに複数回、入京・出京をくり返したときもあれば、一度かぎりという年もみられるからである。

また、在京の期間も、長くて三ヶ月たらず、短いときは一日から三日など、かなりの開きがみられたこともみてとれる。「信長在京表」の十五年間は、信長やその家臣団にとって、各地での合戦にあけくれた時期とも重なるから、よほどの事情がなければ京都に滞在することなどむずかしかったというのがその背景にはあったのかもしれない。

それとは別に、いずれの年においても、十二月末、そして正月初旬に信長が京都に滞在していなかったことがみてとれる。つまり、信長は京都で正月を迎えることが一度もなかったのである。よく知られているように、前近代社会においては、武家にかかわらず、為政者にとって年頭に従者より礼（あいさつ）をうけることは、その主従関係を確認するうえで重要とされている。

当然、その年頭の礼をどこでうけるのかが問題となるわけだが、たとえば、天正二年（一五七四）

正月には、信長は岐阜《ぎふ》において、大和国《やまとのくに》からわざわざ出向いて来た筒井順慶《つついじゅんけい》や中坊《なかのぼう》氏・十市《とおち》氏らからの礼をうけたことが知られている（『多聞院日記《たもんいんにっき》』正月朔日・四日条）。

それとは対照的に、信長がそのような年頭の礼を京都で一度としてうけることがなかったという事実は、信長にとって京都が、岐阜のような、みずからの居城を構える本拠とは一線を画するところであったことを意味していよう。

そのことも関係するが、信長にとって最晩年にあたる天正十年近くになると、在京する機会がめっきり減っていることも「信長在京表」からみてとれる。このころといえば、一般に、いわゆる天下一統が近づきつつある時期にあたる。

にもかかわらず、在京する機会が減っているということは、京都から天下に号令をかけるといった、よく知られているイメージとはかなりのギャップがあるといわざるをえないであろう。そして、その最たるケースが最晩年の天正十年となろうが、この年は五月二十九日から六月二日のわずか三日しか在京していない。もっとも、六月二日早朝に信長は明智光秀に襲われ、命を落としてしまうことになるから、それがなければもう少し長かったのではないかと考える人もいるかもしれない。

しかしながら、信長本人が「四日出陣」（『日々記《にちにちき》』六月一日条）と語っていたことからすれば、延びたとしても一日前後だった可能性は高いであろう。そして、このわずかな日数のなかで「本能寺の変」はおこるわけだが、「信長在京表」をみるかぎり、このような針の先ほどの時間幅をねらって計画的に信長を襲うことなど、およそ不可能なように思える。「本能寺の変」は、やはり偶然のうえに偶然が重なったとみるのが自然ではないだろうか。もっとも、それが偶然なのかどうかを問うこともまた、本書の目的ではない。よって、本書では、ここまでみてきた特徴を頭の片隅におきながら、本編のほうへとすすんでいくことにしよう。

その本編について、『信長公記』のように一年ごとにみていくという方法もある。しかしながら、本書では、便宜的に「信長在京表」の十五年間を永禄十一年～元亀《げんき》四年と天正元年～天正九年の二つに分け、そのおのおのを第一章(「武家御用」の時代)、第二章(「禁中守護」の時代)と題してみていきたいと思う。

そのうえで、天正十年についてはエピローグでみていこうと思うが、なぜこのように分けたのかという点については本文のなかでふれていくことにして、まずは第一章のとびらを開き、京都における信長の足跡をたどっていくことにしよう。

註

（1）文献史学による「本能寺の変」研究の到達点としては、その研究史の整理も含めて、今のところ、谷口克広『検証　本能寺の変』（吉川弘文館、二〇〇七年）、藤田達生『証言　本能寺の変―史料で読む戦国史―』（八木書店、二〇一〇年）をあげるのが妥当であろう。

（2）なお、岡田正人「詳細年譜」（同編著『織田信長総合事典』雄山閣出版、一九九九年）においても、信長の「所在地」が表として記されている。しかしながら、かならずしもそのすべてに典拠が示されておらず、『信長公記』によるところが多い点も本書「信長在京表」との違いとなろう。また、吉村亨「信長の行動ダイヤグラム」（「織田信長と京都」足利健亮編『京都歴史アトラス』中央公論社、一九九四年）や中村修也「信長の京都宿所」（『新・歴史群像シリーズ⑨　本能寺の変』学研、二〇〇七年）も同様に『信長公記』によっている。なお、藤井讓治「信長の参内と政権構想」（同『近世初期政治史研究』岩波書店、二〇二二年、初出は二〇一二年）の「信長の在京一覧」の表は、藤井讓治編『織豊期主要人物居所集成』（思文閣出版、二〇一一年）の成果によるものである。

（3）『信長公記』についての研究は近年とみにすすんでいる。まとまった成果としては、堀新編『信長公記を読む』（吉川弘文館、二〇〇九年）、金子拓『織田信長という歴史―『信長記』の彼方へ―』（勉誠出版、二〇〇九年）、金子拓編『『信長記』と信長・秀吉の時代』（勉誠出版、二〇一二年）、和田裕弘『信長公記―戦国覇者の一級史料―』（中公新書、二〇一八年）が知られている。

（4）岡山大学池田家文庫等刊行会編『信長記』（福武書店、一九七五年）。

（5）河内将芳『信長が見た戦国京都―城塞に囲まれた異貌の都―』（法藏館文庫、二〇二〇年、初出は二〇一〇年）でくわしくふれている。

第一章　「武家御用」の時代（永禄十一年〜元亀四年）

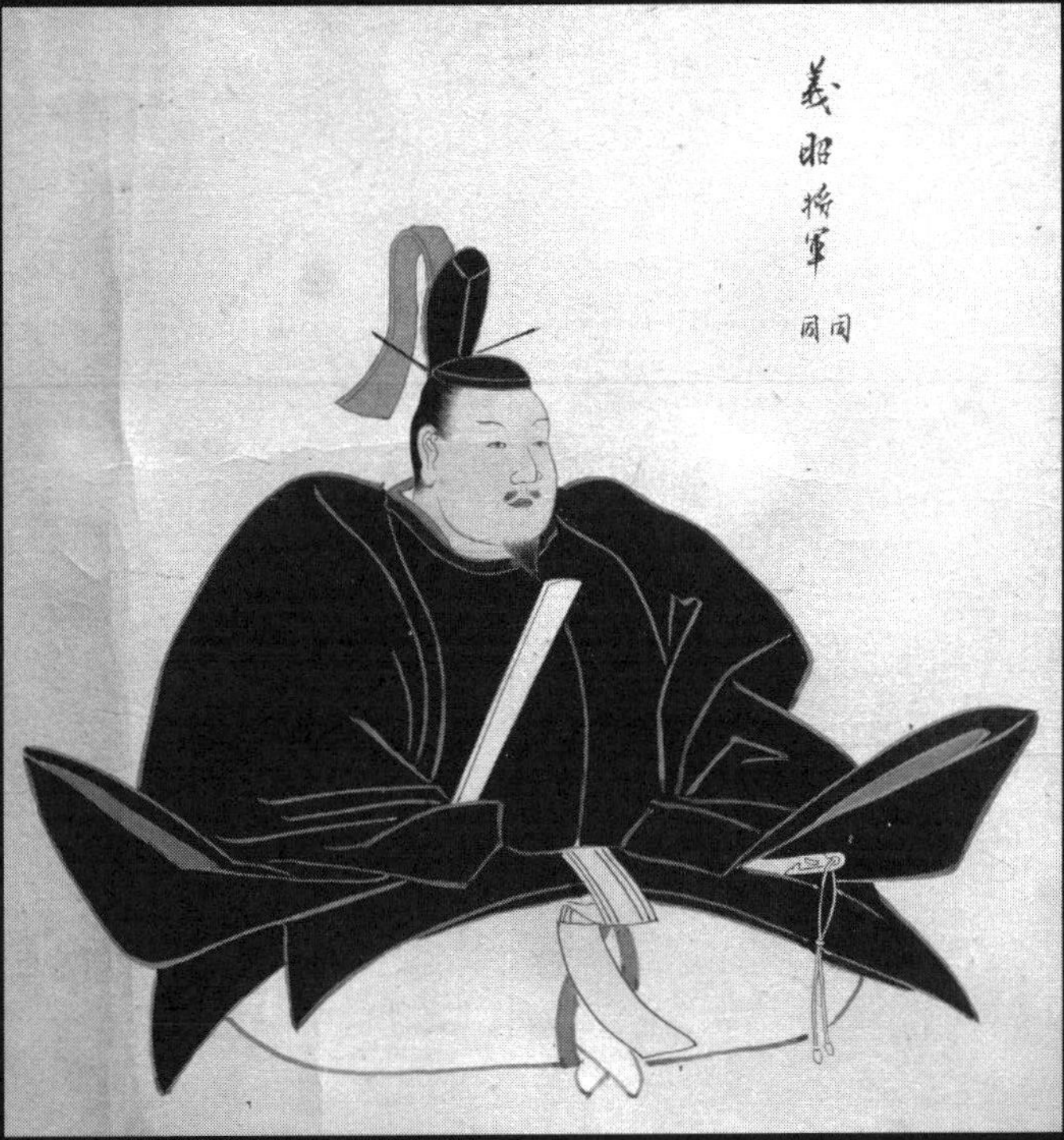

足利義昭画像　「古画類聚」　東京国立博物館蔵　Image：TNM Image Archives

I　「武家」足利義昭のために（永禄十一年〜永禄十三年）

信長の入洛で京中騒動

永禄十一年（一五六八）九月から十月にかけて織田信長は、足利義昭とともに上洛をめざし、それを果たす。このこと自体は有名なことがらに入るが、それでは、それを京都側がどのようにみていたのかという点をさぐろうとすると、思いのほか手がかりにとぼしいことに気がつく。

そのようななか、公家の山科言継《やましなときつぐ》の日記『言継卿記』をみてみると、「織田」や「尾州衆《びしゅうしゅう》」の動きが京都に伝わるたびに「京中あたり大騒動」「終夜京中騒動」（九月十四日条）「日々洛中洛外騒動」「騒動もってのほか暁天《ぎょうてん》におよぶなり」（九月二十日条）などと記されていることがわかる。

ここからは、信長らの上洛を歓迎するというよりむしろ、恐怖に近い心持ちで人びとが見守っていたことがうかがえる。京都にとってかならずしもなじみがあるとはいいがたい「織田」や「尾州衆」の接近は、当初、恐怖と不安をもたらしたとみるのが実際のところではないだろうか。

もっとも、『言継卿記』によるかぎり、九月二十六日条に「今日武家清水寺《きよみずでら》まで御座《ござ》を移さる」という記事がみられて以降、「騒動」ということばは影をひそめるようになる。ここに登場する「武家」

永禄11年（1568）の信長在京表

年	月日	事跡	宿所	典拠
永禄11年（1568）	9月26日	入京・出京	東寺	言継
	9月～10月、義昭・信長、摂津へ出陣			
	10月14日	入京	未詳	言継
	10月15日		清水寺本願所	言継
	10月16日	義昭が細川亭に、信長が古津所へ移徙	古津所	言継
	10月17日			
	10月18日	義昭、将軍宣下、宝鏡寺殿へ御成		言継
	10月19日			
	10月20日			
	10月21日			
	10月22日			
	10月23日	信長、御能五番をみる		言継
	10月24日			
	10月25日			
	10月26日	出京？		（細川）（信長）
	信長、岐阜に滞在			

とは、足利義昭を意味し、このあと義昭は信長とともに摂津《せっつ》方面へと進軍していくことになるが、「織田」や「尾州衆」の上洛が彼ら単独のものではなく、義昭を推戴し、供奉するものであったという事実が、京都に安堵の思いをもたらした可能性は高いであろう。

　このことに象徴されるように、この時期、足利義昭、あるいは室町幕府《むろまちばくふ》（義昭政権）の存在を無視して、信長と京都の関係について語ることはできない[1]。第一章を永禄十一年より、義昭が京都から没落する元亀四年（一五七三）までとしたのはそのためだが、ここではまず、信長と義昭が摂津方面から帰京

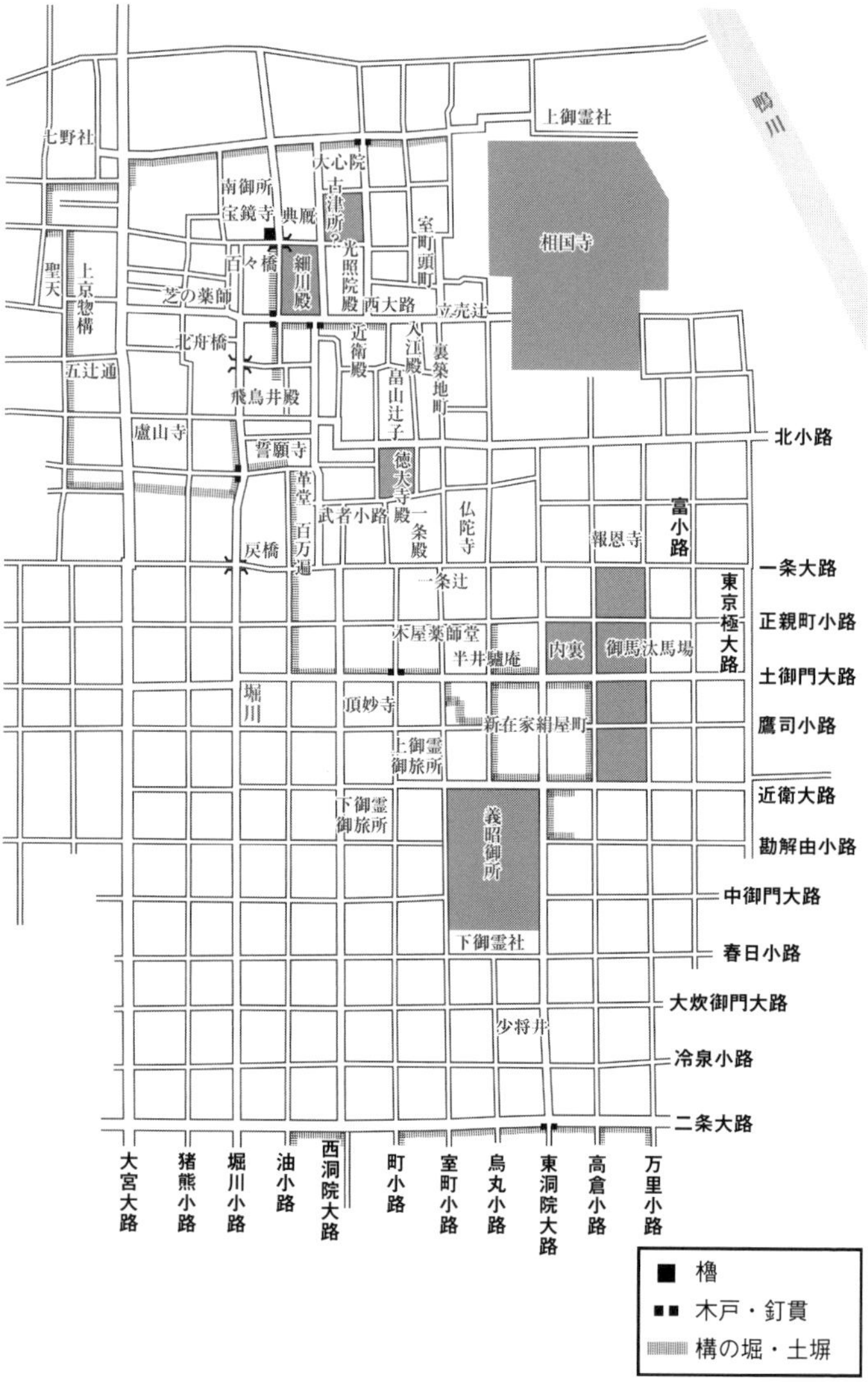

図1　戦国時代の上京　河内将芳『歴史の旅 戦国時代の京都を歩く』（吉川弘文館、2014年）所収の図を加工、修正。原図は山田邦和『京都都市史の研究』（吉川弘文館、2009年所収図）

「細川殿」（『上杉本洛中洛外図屏風』米沢市上杉博物館蔵・部分　※以下絵画資料はすべて同じ）

した永禄十一年十月あたりからみていくことにしよう。

足利義昭が入った細川亭

『言継卿記』によれば、十月十四日に義昭は、摂津「芥《あくた》川《がわ》」から「御上洛」し、「六条本国寺《ろくじょうほんこくじ》」に入った二日後の十六日には、「細川亭《ほそかわてい》」に移ったことがわかる。そして、これに合わせて信長も、十五日にいた「清水寺本願所《ほんがんしょ》」（成就《じょうじゅ》院《いん》）から十六日には「古津所《ふるつところ》」に移ったことが、同じく『言継卿記』には記されている。

ここにみえる「細川亭」とは、宮中女官《にょかん》の日記である『御《お》湯殿上日記《ゆどののうえのにっき》』十月十六日条に「上《かみ》の細川」（原文、ひらがな、以下同）と書かれていることから、「上」＝上京《かみぎょう》にあった細川氏の屋敷だったことがあきらかとなる。

戦国時代の洛中（京中）は、「上京と下京《しもぎょう》の二つの市区に分かれて」（『日本教会史』）おり、おのおのが土塀《どべい》や木戸門《きどもん》、

あるいは堀《ほり》や土塁《どるい》など惣構《そうがまえ》とよばれる城塞によって取り囲まれていたことで知られている。(2)〔22・43頁・図1・2〕

「上の細川」とは、そのうちの上京のなかに所在する細川屋敷を意味するが、残念ながら、これ以上の情報はどの史料にも記されていない。ただ、この時期、「上の細川」といえば、『歴博甲本洛中洛外図屏風《れきはくこうほんらくちゅうらくがいずびょうぶ》』や『上杉本洛中洛外図屏風《うえすぎぼんらくちゅうらくがいずびょうぶ》』など、戦国時代に描かれた初期洛中洛外図にみえる「細川殿」をおいてほかにないであろう。すなわち、細川宗家（京兆家《けいちょうけ》）の屋敷である。その場所も洛中洛外図を信用するなら、小川《こかわ》より東、西大路《にしおおじ》（上立売通《かみだちうりどおり》）より北あたりとなるが〔図1〕、この時期の「細川亭」がどのような状態だったのかについてはさだかでない。

ただ、これより三年ほどまえの永禄八年（一五六五）ころ、イエズス会宣教師のルイス・フロイスが目の当たりにした「細川殿の御殿」のようすについては、その著『フロイス日本史』のなかで「数年来戦争において不運であり、（細川殿）は追放されたので、その御殿は破損していた。だがその庭園は日本の古い物語や文献の中で大いに讃美され、今なお往時を偲ばせるに足るものを大部分（残し）示していた」と記している。

これによれば、「御殿」は「破損」していたものの、「庭園」は「往時を偲ばせる」「大部分」が残されていたという。残念ながら、義昭が入ったときのようすまではわからないが、一定の建物が残されていたり、修築されていたりした可能性は高いであろう。

なお、「細川亭」の主というべき人物は、『年代記《ねんだいき》抄節《しょうせつ》』によれば、信長と義昭に攻め落とされた「摂津芥川城」にいたものの、九月二十八日の夜、「細川六郎、三好日向守（長逸）、同下野入道（宗渭）以下落ち行く」とあるように、三好三人衆《みよしさんにんしゅう》とともに退散したとされている。

ここにみえる「細川六郎」（細川晴元《はるもと》の子、のちに信元《のぶもと》・昭元《あきもと》・信良《のぶよし》）こそ、細川宗家にあたる人物だが、ここからは義昭が入ったときの「細川亭」もフロイスが目にしたときと同様、主が不在であったことが知られよう。

義昭は、この「細川亭」に滞在していた十月十八日に征夷大将軍《せいいたいしょうぐん》に任官され、二十二日には御礼のため参内《さんだい》（内裏《だいり》へ参上）する（『御湯殿上日記』同日条ほか）。このことからもわかるように、義昭が「六条本国寺」より「細川亭」へ入ったのは、将軍任官にかかわる一連の儀礼に関連するものであったことがあきらかとなろう。

信長が入った古津所は何を意味するか

ところで、『言継卿記』にみえる、信長が入ったという「古津所」とは何を意味するのであろうか。考える手がかりとしては、義昭が「細川亭」に移ったことに対応して、信長も「古津所」に入ったこ

織田信長画像　兵庫県立歴史博物館蔵

とが注目される。ここから、「古津所」と「細川亭」とのあいだには何らかの関係があると考えられるからである。

実際、この点に注目してみると、細川宗家の周辺に「古津」という名字をもつ人びとのすがたがみられたことがうかびあがって来る。たとえば、『言継卿記』をひもといてみると、「六郎奉行古津《ふるつ》筑後守《ちくごのかみ》」（天文《てんぶん》三年閏正月四日条）、「細川内《うち》古津」（天文十一年二月一日条）、「細川内古津左衛門尉《さえもんのじょう》」（天文十四年十月二日条）といったようにである。

「奉行」や「内」（内の者）と記されている以上、「古津」という名字をもつ人びとが、少なくとも戦国時代においては細川宗家に近しい被官《ひかん》（家臣）であった可能性は高い。

とすれば、「細川亭」近くに宿所＝「所」を構えていた可能性も高く、そこへ信長が入ったということを『言継卿記』は伝えているのだろう。

ちなみに、『言継卿記』にみえる「古津所」には割注《わりちゅう》（割書《わりがき》でつけられた注）がつけられており、そこには「この間、入江殿《いりえどの》御座[3]」と記されている。ここにみえる「入江殿」とは、三時《さんじ》知恩寺《ちおんじ》（智恩寺）の住持《じゅうじ》（尼僧《にそう》）を意味するが、『上杉本洛中洛外図屏風』や近世前期につくられた『洛中絵図』（京都大学附属図書館所蔵）に記された場所をみるかぎり、その所在地は現在とかわらないことがわかる。〔22頁・図1〕

となれば、なぜ「入江殿」は、わざわざ「古津所」に「御座」していたのかという点が問題となるが、これについては、おそらく二年ほどまえの永禄九年（一五六六）に「入江殿」を襲った火事が関係するのであろう。

「入江殿」（三時知恩寺）

『言継卿記』同年八月二十九日条によれば、その火事は、「御《ご》霊《りょうの》通子《づし》」より出火、「へうたんのつし（瓢箪図子）」や「入江殿」などが焼け、「二百間《けん》におよぶ」家々に被害が出たという。とくに、「入江殿」の被害は大きかったらしく、翌三十日条には、「入江殿、同亭々ことごとく焼け、いささかのものも残ら」なかったとされている。もっとも、「方丈《ほうじょう》」（住持）らは「留守」だったため人的な被害はなかったようだが、それからわずか二年ほどでは十分な再建にはいたらなかったのであろう。そのこともあって、「入江殿」は「古津所」に「御座」していたのではないかと考えられる。

残念ながら、このときの「入江殿」の名前まではわからないものの、おそらく元亀二年（一五七一）に亡くなった人物と同一とみるのが自然であろう。『言継卿記』同年四月十四日条によれば、この日の「丑《うし》の刻《こく》」（午前二時ころ）に「入江殿」が「御他界」したと伝えられているからである。注目されるのは、この「入江殿」が「大樹《たいじゅ》の御姉」と記されている点で、ここから「入江殿」が「大樹」（将軍足利義昭）の「御姉」だったことがあきらかとなろう。

こうなると、信長は、「古津所」で義昭の姉と同居することになったか、あるいは彼女を押しのけて滞在することになったと考えられる。いずれにしても、信長が義昭からかなり手厚い待遇をうけていたことだけはまちがいないといえよう。

故地を訪ねて 1　古津所跡、細川亭跡、宝鏡寺

信長が入った「古津所」の場所についてであるが、「細川亭」や「入江殿」の近くにあったであろうことまでは推測できるものの、残念ながら『言継卿記』には明記されていない。ところが、これより先、七年前の永禄四年（一五六一）の『厳助往年記《げんじょおうねんき》』三月晦日条に手がかりとなる記事がみられる。その記事とは、「三筑州《（三好義長）》フルツ《（古津）》家、公方様《（足利義輝）》御成《おなり》申さる」というものだが、ここからは、永禄四年三月晦日に「公方様《くぼうさま》」（義昭の兄、十三代将軍足利義輝《よしてる》）が「三筑州」（三好筑前守《ちくぜんのかみ》義《よし》長《なが》（義興《よしおき》））の宿所へ御成したさい、その宿所が「フルツ《（古津）》家」であったことがあきらかとなる。

義輝を迎えるにあたって、「冠木門《かぶきもん》ならびに主殿《しゅでん》の破風《はふ》、あらたに申し付けられ」たことが、『三好筑前守義長朝臣亭江御成之記』には記されており、それらが『上杉本洛中洛外図屏風』の「三好筑前」と墨書《ぼくしょ》された屋敷に描かれていることはよく知られている。[4] したがって、この「三好筑前」と墨書された屋敷が「古津所」であった可能性は高いであろう。[5]

もっとも、信長が入ったときに「古津所」がどのような状態であったのかについては、「細川亭」と同じようにさだかでない。ただ、『言継卿記』によれば、将軍に任官された十月十八日に義昭

「法鏡寺殿」（宝鏡寺）

が「宝鏡寺殿《ほうきょうじどの》」へ「御成」したさい、「織田同じく参る」とみえ、それから数日後の十月二十三日にも、信長は義昭に「召」され、「細川亭」で「御能五番」をみたと『言継卿記』には記されている。ここから、信長が常に義昭の滞在する「細川亭」近くにいたらしいことがうかがえよう。しかも、宝鏡寺も「入江殿」と同様、現在地を動いておらず（上京区寺之内通堀川東入百々町）、「細川亭」から至近距離となる〔22頁・図1〕。

このように、義昭が将軍に任官された前後、信長は「細川亭」周辺にいたことがあきらかとなるわけだが、現在、「細川亭」があったあたりは住宅がたちならび、そのおもかげをたどることはむずかしい。

もっとも、『上杉本洛中洛外図屏風』などを信用すれば、門は西側の小川《こかわ》にも、また、東側にもあったと考えられ、そのうち東側の門が面していた南北の道路と重なる道がかろうじて残されている。もしかしたら信長も、この道を行き来したのかもしれない。

現在の宝鏡寺山門

本法寺前の石橋。かつて小川が流れていた

また、義昭とともに参った宝鏡寺も、『上杉本洛中洛外図屛風』などによれば、東側を流れる小川に門を開いていたようだが、現在は南側に門があり、小川も埋め立てられ、暗渠《あんきょ》となっている。

そのようななか、宝鏡寺の北側に所在する日蓮宗《にちれんしゅう》寺院の本法寺《ほんぽうじ》（上京区本法寺前町）

小川児童公園にある「細川勝元邸」跡を示す看板。ここの北西あたりに「細川亭」があった

のまえには石橋が残されており、かつてここに小川が流れていたことがしのばれる。この石橋より南側にあったであろう橋を信長も渡って宝鏡寺へ向かったにちがいない。

こうして故地を訪れてみると、いたってせまい範囲のなかを永禄十一年十月ころの信長は行き来していたことがうかがえる。編纂物ながら『細川両家記《ほそかわりょうけき》』によれば、信長は十月「廿六日にお暇《いとま》申し、美濃《みの》へ下国」したとされており、もしそれが事実であるのなら、およそ半月におよぶ信長の在京生活はこのあたりを舞台にしたものだったことになろう。

「本国寺」

本国寺の変を機に義昭御所を普請

あけて永禄十二年（一五六九）正月十日、信長は「雪散る」なか岐阜より上洛する（『言継卿記』同日条）。『多聞院日記』永禄十一年十一月二十二日条によれば、「来る二月信長かならず上洛あるべし」とみえるから、予定よりひと月も早い上洛だったことになる。

このように予定がくずれてしまったのは、これより先、正月五日に「三好日向守《長逸》、同下野入道《宗渭》、石成主税助《友通》以下、今日ことごとく本国寺取りつめ、これを攻め」（『言継卿記』同日条）立てるという一大事がおこったためである。

じつは、本国寺には、「細川亭」より本能寺をへて（『言継卿記』十一月一日条）、ふたたび御座を移していた義昭のすがたがあった（43頁・図2）。そこを前の年に信長と義昭に追われた三好三人衆に襲撃されたのである。

さいわい、六日には「三人衆以下、申《さる》の刻、敗軍」（『言継

永禄12年（1569）の信長在京表

年	月日	事跡	宿所	典拠
永禄12年（1569）	信長、岐阜に滞在			
	正月5日、三好三人衆、義昭の宿所本国寺を襲撃			
	正月10日	入京	未詳	言継、兼右
	正月11日			
	正月12日			
	正月13日			
	正月14日			
	正月15日			
	正月16日			
	正月17日			
	正月18日			
	正月19日			
	正月20日			
	正月21日			
	正月22日			
	正月23日			
	正月24日			
	正月25日			
	正月26日			
	正月27日	義昭御所の普請開始	織田弾正忠所	言継
	正月28日			
	正月29日			

卿記』同日条）したため義昭は無事だったものの、本国寺襲撃の一報を耳にし、急ぎ岐阜を飛び出た信長は防衛戦にまにあわなかった。

　おそらくはこのことをふまえてであろう、同月末には、信長みずからが「奉行せしめ」、義昭の兄義輝の御所であった「光源院《こうげんいん》御古城」を「御再興」すべく、「勘解由小路《かでのこうじ》室町《むろまち》」にあった「真如堂《しんにょどう》」に「替知《かえち》」をあたえたうえで（『真正《しんしょう》極楽寺文書《ごくらくじもんじょ》』）、義昭のための御所「御普請」をはじめることになる（『言継卿記』正月二十七日条）。

　『言継卿記』によれば、普請は、二月二日の「石蔵積み」からはじめられ、

永禄12年（1569）			
正月30日		織田弾正忠所	
2月1日			
2月2日	義昭御所の石蔵積み開始		言継
2月3日			
2月4日			
2月5日			
2月6日			
2月7日			
2月8日			
2月9日			
2月10日			
2月11日			
2月12日			
2月13日			
2月14日			
2月15日			
2月16日			
2月17日			
2月18日			
2月19日			
2月20日			
2月21日			
2月22日			
2月23日			

「尾州《びしゅう》、濃州《のうしゅう》、勢州《せいしゅう》、江州《ごうしゅう》、伊賀《いが》、若州《じゃくしゅう》、城州《じょうしゅう》、丹州《たんしゅう》、摂州《せっしゅう》、河州《かしゅう》、和州《わしゅう》、泉州《せんしゅう》、播州《ばんしゅう》少々、ことごとく上洛す、石これをもつ」とあるように、畿内近国の侍たちも参加してすすめられたことがわかる。これらのうち、「播州」（播磨国《はりまのくに》）以外は、信長と時期を同じくして正月十二日に「ことごとく上洛」した「八万人ばかり」と重なるところが多かったのではないかと考えられる（『言継卿記』同日条）。

織田弾正忠所はどこか

このようにして、永禄十二年（一五六九）二月より洛中において大規模な土木建

永禄12年（1569）			
2月24日		織田弾正忠所	
2月25日			
2月26日			
2月27日			
2月28日	信長、定撰銭条々を出す		饅頭屋町文書
2月29日			
2月30日			
3月1日			
3月2日			
3月3日	信長、藤戸石を引く		言継
3月4日			
3月5日			
3月6日			
3月7日			
3月8日			
3月9日			
3月10日			
3月11日			
3月12日			
3月13日			
3月14日			
3月15日			
3月16日	信長、精銭追加条々を出す		饅頭屋町文書

築工事がはじめられることになったが、『言継卿記』をみてみると、普請がはじめられるとの一報が伝わった正月二十七日以降、四月六日にいたるまで、言継がしばしば信長を「見舞」うために「織田弾正忠《だんじょうのちゅう》所へまかり向か」い、「普請見物」をくり返していたことが読みとれる。

　ここから逆に、信長がおよそ三ヶ月にわたって在京し、文字どおり「奉行」として普請に尽力していたことがあきらかとなる。実際、そのことは、『言継卿記』三月三日条に「細川右馬頭《うまのかみ》庭の藤戸石《ふじといし》、織弾三四千人にてこれを引く、笛鼓にてこれを囃《はや》す」とみえるこ

永禄12年（1569）																							
3月17日	3月18日	3月19日	3月20日	3月21日	3月22日	3月23日	3月24日	3月25日	3月26日	3月27日	3月28日	3月29日	3月30日	4月1日	4月2日	4月3日	4月4日	4月5日	4月6日	4月7日	4月8日	4月9日	4月10日
		義昭御所の西南石蔵大概出来																					
織田弾正忠所																							
		言継																					

とからも読みとれる。

「藤戸石」といえば、現在、醍醐寺《だいごじ》三宝院《さんぼういん》の庭園におかれた名石として知られている。ところが、このころは「細川右馬頭庭」にあった。ここにみえる「細川右馬頭」とは、代々、右馬頭の官職を帯びたことから家のよび名とされた細川宗家（京兆家）庶流の家を指す。

その唐名《とうめい》が「典厩《てんきゅう》」であったことから、細川右馬頭家は典厩家ともよばれたが、『上杉本洛中洛外図屏風』によれば、「典厩」と書かれた屋敷は「細川殿」の北側に描かれている。したがって、「細川右馬頭庭」もまた、「細川亭」

「典厩」

の北側にあったと考えられよう〔22頁・図1〕。

先の記事からは、その「細川右馬頭庭」より「藤戸石」を「織弾」（織田弾正忠信長）が、「三四千人」で「笛鼓にて囃」しながら移動させたことが読みとれる。もちろん「藤戸石」は「石蔵」（石垣）のための石ではなく、庭園におく目的で移動させたのであろう。ここからも、信長が率先して義昭御所の普請に尽力していたことはあきらかといえよう。

ところで、義昭御所の普請のあいだ、信長はどこを宿所としていたのであろうか。じつは、この点についてはよくわからない。『言継卿記』に「織田弾正忠所」としか記されていないからである。前年に宿所としていた「古津所」であった可能性も考えられるし、『言継卿記』に「織田弾正忠所へまかり向かう、普請見物しおわんぬ」（三月十一日条ほか）とみえることから普請場のすぐ近くであったとも考えられる。

信長が妙覚寺に移った理由

いずれにしても、今のところはそれを特定するにいたっていないが、『言継卿記』四月十三日条に「今晩、織田弾正忠妙覚寺《みょうかくじ》へ移る」と記されている以上、この日に信長が妙覚寺に移ったことは確実である。もっとも、これは、翌十四日に「武家」（義昭）が本国寺より「勘解由小路室町へ御座を移」（『言継卿記』同日条）すことに対応したものであり、ここから義昭御所が完成にいたったこともあきらかとなろう。

ちなみに、ルイス・フロイス著『フロイス日本史』によれば、信長は、義昭御所に「木造建築の宮殿を造営を決心」したものの、「新たに山や森を伐採せねばならないならば、（建築は）大いに遅延し、公方様はたいして早く（新邸に）移ることができなかったので」、義昭が御座をおいていた本国寺から「きわめて巧妙に造られた塗金《ときん》の屏風とともに」「すべての豪華な部屋を取り壊し、（それを）城の中で再建することを命じた」という。

残念ながら、この点については、『言継卿記』など同時代史料から読みとることができない。ただ、編纂物ではあるが、『当代記《とうだいき》』には「六条本国寺々中坊ども、残らず近衛《このえ》の御所へ運送せらる」とみえ、また、『老人雑話《ろうじんざつわ》』にも「本国寺の宿坊《しゅくぼう》をみな引き取りて家居《かきょ》とせり」とみえることから、「すべての豪華な部屋を取り壊」したのかどうかはともかくとして、ある程度の事実を伝えているとみてよい

永禄12年（1569）			
4月11日			
4月12日			
4月13日	信長、妙覚寺へ移徙	妙覚寺	言継
4月14日	義昭、御所へ移徙		言継
4月15日			
4月16日			
4月17日			
4月18日			
4月19日			
4月20日			
4月21日	出京		言継・兼右・多聞
信長、岐阜に滞在			
8月、信長、伊勢へ出陣			
10月、北畠具教父子、服属・開城			
10月12日	入京	未詳	今井宗久書札留、多聞
10月13日			
10月14日			
10月15日			
10月16日			
10月17日	出京		京都御所東山御文庫所蔵文書・御湯・多聞
信長、岐阜に滞在			

であろう。

　このようにして完成した義昭御所の四周は、現在のところ、「東西の範囲はおよそ室町通りと東洞院《ひがしのとういん》通り」「北は出水《でみず》通り（近衛大路）、南は丸太町《まるたまち》通り（春日小路）の北[6]」と考えられている（22頁・図1）。このうち西側は戦国時代京都のメインストリートというべき室町通[7]であったと考えられるが、これについては、『老人雑話』にも「東がわ石垣なり、西がわは町屋なり」とあることから妥当といえよう[8]。

　ところで、信長はなぜ妙覚寺に移ったのであろうか。その理由を直接説明してくれる史料は残されていないものの、妙覚寺が室町通に面していたことが関係するのではないだ

「めうかくじ」（妙覚寺）

ろうか。『歴博甲本洛中洛外図屏風』や『上杉本洛中洛外図屏風』など初期洛中洛外図をみるかぎり、妙覚寺（「めうかくじ」）は、三条坊門《さんじょうぼうもん》（現在の御池通）より北側で、室町通より西側に描かれており〔43頁・図2〕、この場所であれば、室町通を通って四〇〇メートルもすすまないうちに義昭御所へたどりつくことができたからである。

また、妙覚寺には、永禄元年（一五五八）十二月に義昭の兄義輝が、「光源院御古城」へ移るまで「御座所」（『兼右卿記《かねみぎきょうき》』十二月三日条）をおいたことでも知られている。あるいは、このようなことも意識されたのかもしれない。

寄宿先として好まれた日蓮宗寺院

じつは、この永禄十二年（一五六九）という年が生涯にわたってつづくことになる信長と妙覚寺との最初の接点となるが、ここで注意しておく必要があるのは、その関係はあくまで寄宿先のひとつという以上のものではなかった点であろう。ここでいう寄宿とは、たとえば、キリシタン武士として知られる「ジョアン内藤《ないとう》」(9)が「妙蓮寺《みょうれんじ》」に「宿泊」したさいにみられたという「堂を厩《うまや》となし」たり、「常におこなう他の乱暴」がみられるような、寺院側からすれば、「はなはだこれを喜ばざりき」（『耶蘇会士日本通信《やそかいしにほんつうしん》』）状態を指す。

したがって、妙覚寺にとって信長の寄宿もまた、歓迎すべからざることだったのではないかと考えられるが、残念ながら、そのことを直接伝えるような史料は残されていない。ただ、先に義昭御所の「木造建築の宮殿」のため本国寺から「きわめて巧妙に造られた塗金の屏風とともに」「すべての豪華な部屋を取り壊」（『フロイス日本史』）されたことからもあきらかなように、寄宿とは、ときに傍若無人ともいえる被害にあいかねないものであった(10)。

ところで、妙覚寺も本国寺も、また、妙蓮寺もいずれも日蓮宗（法華宗《ほっけしゅう》）寺院であるが、これらの寺院が寄宿先となっていた理由を具体的に説明してくれる史料も見いだせていない。ただ、戦国時代の洛中にあって、一町（約一二〇メートル×一二〇メートル）以上の敷地をもつ寺院として、日蓮宗寺院の存在がきわだっていたことは理由としてあげられよう(11)。

しかも、『上杉本洛中洛外図屏風』など初期洛中洛外図をみるかぎり、妙覚寺の周囲には堀や土塁

図２ 戦国時代の下京 河内将芳『歴史の旅 戦国時代の京都を歩く』（吉川弘文館、2014年）所収の図を加工、修正。原図は山田邦和『京都都市史の研究』（吉川弘文館、2009年所収図）

が描かれている。また、本国寺についても、「敷地の周囲には深さ及び幅相当なる濠《ほり》あり」（『耶蘇会士日本通信』）という証言が残されており、このような、いわば城塞のようなすがたをしていたことも寄宿先として選ばれた理由と考えられよう。

ちなみに、信長が妙覚寺に寄宿したからといって、家臣も同じように妙覚寺に入れるとはかぎらなかった。その場合は、おのずと周辺の町屋に寄宿することになるわけだが、残念ながら、妙覚寺についてはよくわからない。

この点、のちに寄宿するようになる本能寺では、『信長公記』に「湯浅甚介《ゆあさじんすけ》・小倉松寿《おぐらまつじゅ》、この両人は町の宿にてこの由をうけたまわり」とあり、町屋に寄宿することも少なくなかったことがうかがえる。いずれにしてもこのように、軍勢が上洛し、寄宿するということが、京都の寺院や町屋にとってけっしてよろこばしいことがらでなかったことだけはまちがいないといえよう。

寄宿を支える銭と米

さて、『多聞院日記』永禄十一年（一五六八）十一月二十二日条によれば、義昭の将軍任官後、岐阜へ帰国するにあたって信長は、「京には尾州より佐久間（信盛）・村井（貞勝）・ニワ五郎左衛門（丹羽長秀）・明印（明院良政）・木下藤吉（秀吉）、五千ばかりにて残し置」いたという。

彼らすべてが、翌年正月に信長が上洛して来るまで在京していたのかどうかについてはさだかでないものの、それでも「五千ばかり」の人びとが一時的にも京都にいたことはまちがいない。また、その「五千ばかり」がどこで寝起きをしていたのかについてもわからないが、おそらくその多くが寺院や町屋などに寄宿していたのであろう。

そして、あけて永禄十二年二月から四月にいたるまで、およそ三ヶ月におよぶ義昭御所の普請がはじまると「八万人ばかり」の人びとが在京することになる。「五千ばかり」のおよそ十六倍にもおよぶ人びとが押しよせることになったわけだが、そのことが京都にあたえた影響は少なくなかったにちがいない。

『フロイス日本史』によれば、「すべての家臣を都内外の寺院に宿泊せしめ」とあるが、これ以外にも数多くの町屋がその寄宿先になったことであろう。また、およそ三ヶ月におよぶ日常生活を寄宿と一体というべき「乱暴」による略奪行為だけで過ごしていたとは考えられない。当然、それなりの食糧や日常品ももち込んでいたと想像される。

しかしながら、それにも限界があったであろうから、必要なものは市中での売買によって確保していくことになったであろう。そして、その場面でトラブルがおこることになった。たとえば、信長らがもち込んだ銭が品質のあまりよくないものであったため京都の町人たちが請け取りをこばみ、売買

米場

がうまくいかなかったと考えられるからである(12)。

それをうけ、信長は永禄十二年二月二十八日付けで「定撰銭条々《えりぜにじょうじょう》」（『饅頭屋町文書《まんじゅうやちょうもんじょ》』）を京都市中に発令し、極端に品質の悪い銭をのぞいて一定の割合で銭による売買をおこなうよう厳命することになる。

ところが、『細川両家記』に「銭取り渡しのこと、仰せ出《い》だされそうろうといえども、あい調《ととの》わず、売買は米なり」とあるように、今度は銭ではなく「米」による「売買」がおこなわれることになった。米であれば、銭ほどの品質の違いはなかったからであろう、京都の町人たちは、銭のかわりに米による売買をもとめ、それが横行するようになったと考えられるのである。

しかしながら、そうなると今度は食糧としての米が不足することになる。そのため信長は、同年三月十六日付けで「精銭《せいせん》追加条々」（『上京文書』）を発令し、「八木《はちぼく》」（米）による「売買停止《ちょうじ》」を命じることにした。この命令は相当厳格なものであったらしく、町人による自治組織である惣町《そうちょう》・町組《ちょうぐみ》・町《ちょう》をとおして周知徹底されたことが知られている。たとえば、下京の丑寅組《うしとらぐみ》という町組では、同年卯月《うづき》八日に「組定」をさだめて、「精銭の御制札《せいさつ》ならびに追加御文言」の遵守を町組に所属する「町中」へ確認させている（『饅頭屋町文書』）。

いっぽう、信長側も同年十二月二十二日に「上下京中」に対して「条々」（『饅頭屋町文書』）を発し、そのなかで「米をもって売買あらば、双方宿ともに闕所《けっしょ》たるべ」しと、米で売買した当事者は「双方」ともに「宿」（家屋）を「闕所」（没収）するとのきびしい態度でのぞんでいたことが知られる。

このように、義昭御所の普請にかかわって、「八万人ばかり」の人びとが在京することで流通経済にも少なからざる影響がみられたことがあきらかとなる。長期間にわたる軍勢の駐留は、京都経済にも混乱と動揺をもたらすことになったのである。

なお、このおよそ三ヶ月のあいだに信長が、岐阜への「下国《げこく》の儀」を「談合」し、「申し留」（慰留）められたことが『言継卿記』三月七日条には記されている。岐阜を長期間留守にしていることに懸念があったためであろうか、結局のところ、信長は妙覚寺に移ってからまもなくの四月二十一日に出京し、岐阜へ帰っていったのであった（『言継卿記』同日条ほか）。

故地を訪ねて 2　義昭御所跡、妙覚寺跡

信長がおよそ三ヶ月にわたり「奉行」として普請に尽力した義昭御所の跡地は、現在、何ひとつ残されていない。跡地の東側は京都御苑になっているし、西側も住宅地や学校などになっているからである。

ただ、道筋は当時と重なるところが多いから、北西の角にあたる室町通と出水通（近衛大路）との交差点にたって、南方、丸太町通（春日小路）のほうをのぞんでみると、義昭御所がいかに巨大なものだったのかをしのぶことはできる〔22頁・図1〕。

また、『言継卿記』二月七日条によれば、室町通沿いの「西方石蔵」は「高さ四間一尺」（約八メートルあまり）もあったとされており、往時は壮観な光景だったことであろう。そのことを頭に思いうかべながら室町通を南のほうへとすすんでいくと、下立売通《しもたちうり》（勘解由小路）と交差する西南角に「旧二條城跡」と書かれた石碑を見いだすことができる。ただし、義昭御所が同時代史料で「二条城《にじょう》」とよばれた形跡は確認できない。「武家御城」「御城」（『言継卿記』）や「公方様の御城」（『多聞院日記』）などとしか出てこないからである。

いっぽう、義昭御所の母体となった義輝御所は、『フロイス日本史』に「上京の二条、すなわち「第二の通り」という名称の地に建てられていた」とみえる。また、『細川両家記』にも「二条武衛《ぶえい》の御構《おかまえ》」「二条武衛陣の前の御城」とみえるから、「二条」ということばがつけられていた可能性は否定できない。

義昭御所跡。室町出水交差点から南東方面のようす

義昭御所跡を示す「旧二條城跡」の石碑

もっとも、その四周は、下立売通（勘解由小路）南、椹木町《さわらぎちょう》通（中御門大路《なかみかどおおじ》）北、室町通（室町小路）東、烏丸《からすま》通（烏丸小路）西の「方一町」[13]と考えられており、二条通との接点はみられない。

むしろ二条通との接点でいえば、信長が移った妙覚寺のほうにあったといえよう。永禄元年

（一五五八）十二月に義輝が「御座所」とした妙覚寺を醍醐寺理性院《りしょういん》の厳助は、その日記『厳助往年記』永禄二年正月条で「二条法花《ほっけ》堂本覚寺《どうほんかくじ》」と記しているからである。

もともと妙覚寺と本覚寺とは別々の寺院であったが、このころは合併していたと考えられている。[14] 同じ寺院が妙覚寺とも、本覚寺ともよばれているのはそのためである。また、その東南角が室町通と三条坊門小路（御池通）であったのに対し、「二条法花堂」とよばれていることから北端が二条通であったことはあきらかといえる（43頁・図2）。

下妙覚寺町の記載のある看板

実際、現在でもこの範囲には「上妙覚寺町」「下妙覚寺町」の町名が残されており、妙覚寺が二町規模の敷地をもつ寺院であったことがわかる。秀吉の時代に現在地（上京区上御霊前通小川東入下清蔵口《せいぞうぐち》町）に移転するまで妙覚寺は同地に所在したと考えられるが、跡地には石碑もなく、よほど意識しないかぎり気づくことはないであろう。

『上杉本洛中洛外図屏風』に描かれた妙覚寺をみてみると、南側の三条坊門小路（御池通）に門を開いており、信長も、この門を通って妙覚寺へ入ったのかもしれない。いっぽう、この門を通らずに、西へすすむと室町通にいきあたる。そして、室町通を北上していくと、丸太町通との交差点から少し北側に往時、義昭御所西南に築かれた石垣がみえたはずである。

京都御苑下立売御門内にある義昭御所の復元石垣

『言継卿記』によれば、三月十九日条に「西南石蔵大概出《しゅっ》来《たい》」とあり、ここから東のほうにつづく石垣の一部が地下鉄烏丸線の工事にともなって発見されている。さいわい、このとき発見された石垣は、京都御苑内に移されており、信長がみた石垣と同じものを現在でもみることができる。

また、この西南角か、あるいは「内の磊《いしくら》」（『言継卿記』

三月七日条）の西南角には、「坤《ひつじさる》角三重櫓」（『言継卿記』元亀元年七月二十二日条）があったと伝えられている。この「三重櫓」は「天主《てんしゅ》」（『元亀二年記』七月二十四日条）ともよばれたことが知られているから、ひときわめだつ高層建築物が室町通からものぞむことができたであろう。

Ⅱ　京都と元亀争乱（永禄十三年〔元亀元年〕～元亀四年）

諸国の侍に届いた信長の触状

義昭御所が完成した翌永禄十三年（一五七〇）の上洛は、信長にとって特別なものとなったようである。というのも、正月二十三日付けで信長は、「禁中御修理《きんちゅうごしゅうり》」「武家御用《ぶけごよう》」「天下《てんか》いよいよ静謐《せいひつ》」のため「参洛《さんらく》」するにあたって、伊勢《いせ》の北畠《きたばたけ》氏以下、畿内近国を越えた範囲の侍たちに対しても、自分と同じように「上洛」し、将軍義昭へ「御礼」申し上げるよう「触状《ふれじょう》」を出したことが確認できるからである（『二条宴乗記《にじょうえんじょうき》』二月十五日条）。

その「触状」が送られた範囲は、前年、義昭御所の普請のために上洛した「尾州、濃州、勢州、江州、伊賀、若州、城州、丹州、摂州、河州、和州、泉州、播州少々」（『言継卿記』二月二日条）をのぞけば、三河《みかわ》・遠江《とおとうみ》・飛驒《ひだ》・丹後《たんご》・紀伊《きい》・越中《えっちゅう》・能登《のと》・甲斐《かい》・因幡《いなば》・備前《びぜん》におよぶ。

このような広範囲にわたる国々に「触状」を出した信長の真意を史料から読みとることはむずかしいが、上洛して来る信長に対して京都の人びとが向ける視線が前年までとは大きく異なったことだけはまちがいなかった。

永禄13年・元亀元年（1570、4月23日改元）信長在京表

年	月日	事跡	宿所	典拠
永禄13年・元亀元年（1570、4月23日改元）	正月23日	信長、触状を出す		二条
	2月30日	入京	明智十兵衛尉所	言継・御湯・晴右・多聞
	3月1日	信長、義昭へ御礼、禁裏へ祇候	半井驢庵所	言継
	3月2日		未詳	
	3月3日			
	3月4日			
	3月5日		織田弾正忠所	言継
	3月6日			
	3月7日			
	3月8日			
	3月9日			
	3月10日			
	3月11日			
	3月12日			
	3月13日			
	3月14日			
	3月15日			
	3月16日			
	3月17日			
	3月18日			
	3月19日			
	3月20日			

たとえば、二月三十日に信長が上洛して来たさい、「公家奉公衆」が「江州、あるいは堅田《かたた》、坂本《さかもと》、山中《やまなか》などへ迎えに」行き、また、「上下京地下人《じげにん》」（上京・下京の町人）も「一町に五人づつ、吉田まで迎え」たと『言継卿記』同日条には記されているからである。

言継自身は、洛中の東北の角にあたる「一条京極《いちじょうきょうごく》まで」行き〔22頁・図1〕、そこで信長を迎えたようだが、この日、信長がにぎにぎしい出迎えのなか上洛したことが知られよう。

ちなみに、このあと信長が入ったのは、「古津所」でも、妙覚寺でもなく、「明智十兵衛尉《じゅうべえのじょう》所」[15]（明智光秀の宿所）で

<table>
<tr><th colspan="25">永禄 13 年・元亀元年（1570、4 月 23 日改元）</th></tr>
<tr><td>3月21日</td><td>3月22日</td><td>3月23日</td><td>3月24日</td><td>3月25日</td><td>3月26日</td><td>3月27日</td><td>3月28日</td><td>3月30日</td><td>4月1日</td><td>4月2日</td><td>4月3日</td><td>4月4日</td><td>4月5日</td><td>4月6日</td><td>4月7日</td><td>4月8日</td><td>4月9日</td><td>4月10日</td><td>4月11日</td><td>4月12日</td><td>4月13日</td><td>4月14日</td><td>4月15日</td><td>4月16日</td></tr>
<tr><td></td><td></td><td></td><td></td><td></td><td></td><td></td><td></td><td></td><td></td><td></td><td></td><td></td><td></td><td></td><td></td><td></td><td></td><td></td><td></td><td></td><td></td><td></td><td></td><td></td></tr>
<tr><td colspan="25">織田弾正忠所</td></tr>
<tr><td></td><td></td><td></td><td></td><td></td><td></td><td></td><td></td><td></td><td></td><td></td><td></td><td></td><td></td><td></td><td></td><td></td><td></td><td></td><td></td><td></td><td></td><td></td><td></td><td></td></tr>
</table>

あったと『言継卿記』同日条は記している。また、翌三月一日には、信長は「触状」に記したとおり将軍義昭に「御礼」を申しているが（『言継卿記』同日条）、そのとき信長とともに「御礼」を申した侍たちは、『言継卿記』同日条によれば、「畠山《はたけやま》左《さ》衛《え》門督《もんのかみ》昭高《あきたか》、同尾張《おわりの》守《かみ》高政《たかまさ》、三好《みよし》左《さ》京《きょうの》大《だい》夫《ぶ》義継《よしつぐ》、畠山播《はり》磨守《まのかみ》、鷲巣《わしず》」らであったという。

そして、その日のうちに信長は、これまた「触状」どおり「禁裏《きんり》」へ「祇《し》候《こう》」し、「御修理」の「御作事」を「回覧」、そのあとは「半《なから》井《い》驢《ろ》庵《あん》所」に入ったと『言継卿記』同日条は伝えている。

永禄13年・元亀元年（1570、4月23日改元）			
4月17日			
4月18日			
4月19日			
4月20日	出京		毛利家文書・言継・御湯・継芥・多聞
4月、信長、若狭・越前へ出陣、浅井長政の別心により退却			
4月30日	入京	未詳（弾正忠宿）	言継・継芥・多聞・二条
5月1日	信長、禁中作事を見舞う		言継
5月2日			
5月3日			
5月4日			
5月5日			
5月6日			
5月7日			
5月8日			
5月9日	出京		言継・御湯・継芥・多聞・二条
信長、岐阜に滞在			
6月28日、姉川合戦			
7月4日	入京	明智十兵衛尉所	言継・兼見・多聞・二条
7月5日		未詳	
7月6日		織田弾正忠所	
7月7日	出京		言継

義昭御所に近い半井驢庵所

半井驢庵といえば、当時、瑞策《ずいさく》、あるいは通仙院《つうせんいん》ともよばれた医師として知られている[16]。そのような医師の屋敷へなぜ信長が入ったのか、その理由を説明してくれる史料は残されていない。

ただ、驢庵の屋敷が、『言継卿記』永禄十年（一五六七）四月二十二日条にみえるように、「山里」や「花園林」、あるいは「二階の亭茶湯座敷」をそなえた風雅なところであった点は理由のひとつとして考えられよう。

江戸時代前期に編纂された地誌『京《きょう》雀《すずめ》』には、「烏丸通」「中だちうり（立売）さ

信長、岐阜に滞在			
8月23日	入京	本能寺	言継・兼見・御湯・多聞・二条・尋憲
8月24日		本能寺	
8月25日	出京		兼見
信長・義昭、摂津に出陣、本願寺蜂起、浅井・朝倉氏近江へ出陣			
9月23日	入京	本能寺	言継・孝親・尋憲・二条・(信長)
9月24日	出京		言継・孝親
12月14日、信長、浅井・朝倉氏と和睦			
12月16日、信長、岐阜へ戻る			

がる」の「廬菴《ろあん》町」に「典薬頭《てんやくのかみ》廬菴法印この町ひがし側に家あり」とみえる。烏丸通と中立売通が交差する南側に「廬菴」の「家」があったとされているわけだが、それを裏づけるように、江戸時代前期に制作された『洛中絵図』でも「炉庵《ろあん》町」と書かれたところの西側に「通仙院」、そして東側に「半井炉庵」の屋敷地がみてとれる。

もちろん、江戸時代前期にその名がみえる「廬菴」「炉庵」とは、半井驢庵の子孫にあたり、本人ではない。しかしながら、永禄十三年とほぼ同時代にあたる元亀三年（一五七二）付けの『上下京《かみしもぎょう》御膳方《ごぜんかた》御月《おんつき》賄《まかない》米寄帳《こめよせちょう》』にすでに「ろあん町」の町名がみえることからすれば、「半井驢庵所」が「ろあん町」（「廬菴町」「炉庵町」）の東西どちらかにあったことはまちがいないであろう〔22頁・図1〕。

この場所であれば、義昭御所から北へ三〇〇メートルも離れていない。おそらく、そのような立地も、信長が「半井驢庵所」に入った理由のひとつと考えられよう。信長がこの「半井驢庵所」にどれぐらい滞在したのかについてはさだかでないが、信長が在京しているあいだに公家や僧侶など「僧俗貴賤六十人ばかり」が「礼」に来たり（『言継卿記』三月十日条）、「豊後《ぶんご》大友《おおとも》使僧、但州小田垣《（太田垣）》兄弟、備州《びしゅう》宇喜多《うきた》、和州衆、河州衆二十人ばかり」など、先の「触状」ともかかわる侍たちも「礼」に来たことが知られる（『言継卿記』三月十六日条）。

とりわけ言継をおどろかせたのは、訪問者の数以上に、それら訪問者がもたらす手みやげとしての「一束一本、段子《どんす》、絲《いと》、板物《いたのもの》」（三月十日条）や「引物馬代」（三月十六日条）が「山のごと」きものであったという点である。ここからは、信長が将軍義昭とともに、この時期の京都においてたよりとすべき存在とみられていたことが知られよう。

もっとも、当の信長は、このような公家たちからの「礼」をうけることにかならずしも積極的であったとはいえないようである。たとえば、「公家奉公衆」が来たさいには、「取り乱れ」ているため「見《け》参《ざん》」（対面）しないと告げ（『言継卿記』三月三日条）、また、「一条殿」（一条内基《いちじょううちもと》）が「礼」に訪れたさいにも「頭痛気」「平臥《へいが》」しているため「明日」にしてほしいと伝えたりしているからである（『言継卿記』三月四日条）。同じような傾向は晩年でもみられるから、信長はどちらかといえば公家社会になじめないタイプの人間だったのかもしれない。

信長を苦しめた元亀争乱

永禄十三年（一五七〇）四月二十日、信長は「三万ばかり」の軍勢をともない、京都から「若州」（若狭《わかさ》）へ「出陣」する（『言継卿記』同日条）。実際は、そこから越前《えちぜん》へ向かうことになるが、今回の出京は、信長自身のことばをかりれば、「上意《じょうい》として仰せ出だされ」たため「四月廿日出馬」（『毛利家文書』）したことになろう。

ところが、それからまもなくして「江州六角《ろっかく》出張」し、「北郡浅井《あさい》と申し合わせ」、信長に対して「別心《べっしん》」（裏切り）したとの報が伝わる（『言継卿記』四月二十九日条）。こうなると、たちまち退路もおぼつかなくなり、「昨夜、信長越州より上洛、十人ばかり召し供す」（『継芥記《けいかいき》』五月一日条）とあるように、からくも「十人ばかり」をともなって信長が四月三十日に帰京したことがあきらかとなる。

そのさい、信長がどこを宿所としたのかについては残念ながらさだかでない。また、それから数日後の五月九日に信長は急ぎ出京し（『御湯殿上日記』同日条ほか）、岐阜へ向かうが、近江《おうみ》の六角氏が挙兵し、浅井氏がそれに与同《よどう》している以上、琵琶湖東岸の東海道《とうかいどう》（のちの中山道《なかせんどう》）をつかっての帰国はむずかしくなっていた。

そのこともあって、信長はやむなく鈴鹿山脈《すずかさんみゃく》を越える山道（千草越《ちぐさごえ》）を選ぶ。ところが、その途中、「コウヅハタ（甲津畑）にて鉄炮四丁にて、山中より射」（『言継卿記』五月二十二日条）られ、間一髪という危険な目にもあうこととなる。

浅井長政画像　東京大学史料編纂所蔵模写

このようにして、近江の浅井氏・越前の朝倉《あさくら》氏との死闘に代表される元亀《げんき》争乱《そうらん》とよばれた、信長の生涯にとってもっとも苦しい数年がはじまることになった。「信長在京表」をみてもわかるように、永禄十三年（四月二十三日に元亀元年に改元）五月以降、元亀二年（一五七一）にかけて信長が在京する機会はめだって少なくなっていることに気がつく。

これは、浅井・朝倉氏との直接対決となった姉川合戦《あねがわかっせん》（六月二十八日）をはじめとして、彼らと呼応するかのようにして立ちあがった三好三人衆や本願寺《ほんがんじ》・一向一揆《いっこういっき》、そして延暦《えんりゃく》寺《じ》大衆《だいしゅ》などとの合戦のため摂津や近江への出陣を余儀なくされたためであろう。

そのようななか、わずかな日数でも信長が入京していることが確認できるのは、姉川合戦直後の七月四日に「直に武家へ参らる」と『言継卿記』同日条が伝えているように、将軍義昭へ合戦の報告をおこなうためなどであったことがわかる。しかも、このとき信長は、「四五騎にて上下卅人ばかり」（『言継卿記』同日条）、あるいは「馬三騎」（『兼《かね》見《み》卿《きょう》記《き》』同日条）といった、きわめて軽装備での上洛であったこともあきらかとなる。

このようなすがたは、翌元亀二年九月十三日のときも同様であり、このときもまた、「小姓衆馬《こしょうしゅううま》廻《まわり》らばかりにて」上洛し、「武家に参」ったことが『言継卿記』同日条には記されている。この前日の九月十二日に信長が近江でおこなったことといえば、前年に浅井・朝倉氏に与同して信長を苦しめた延暦寺の焼き討ちにほかならなかったが、そのようなことまでわざわざ義昭のもとへ報告にやって来るすがたからは、信長の意外なまでの律儀さを読みとることができるだろう。このようにしてみると、信長はみずからが出した「触状」の内容をひたすらまもろうとしていたともいえるのかもしれない。

利息があてられた禁裏様御賄

そのことを裏づけるように、延暦寺焼き討ちからおよそひと月後の十月十五日には、明智光秀・島《しま》田秀満《だひでみつ》・塙直政《ばんなおまさ》らの名で、「禁裏様《きんりさま》」（内裏、禁中、天皇）の「御賄《おんまかない》」（食費）のために「八木《はちぼく》」（米）を「京中」（上京・下京）の「一町」ごとに「五石《ごこく》づつ」「預け置き」、その「三和利」（三割）にあたる「利平《りびょう》」（利息）「壱斗弐升五合」を「来年正月より毎月」「進納」するよう、町組をとおして各町へ触れたことが知られる（『上京文書』）。

町人たちからすれば、強制的に米を貸し付けられ、その利息まで取られるという、迷惑千万なこと

「内裏様」

であったにちがいないが、「御膳方月賄米」ともよばれた米「拾参石《じゅうさん》づつ」が毎月、上京・下京より「御賄」として納められるようになったことで（『元亀二年御借《げんきにねんおんしゃく》米之記《まいのき》』）、内裏の台所事情が多少なりとも好転したことはまちがいないであろう。

もっとも、上京・下京の町々へ貸し付けた米は、これからおよそ半月前の九月三十日に、先と同じように明智光秀・島田秀満・塙直政らの名で「公武御用途《こうぶごようと》」を名目に京都および周辺の寺社に対して「田畠壱反別一升《いったんべついっしょう》づつ」に「相懸」けた「段別《たんべつ》」米であったことが知られる（『妙蓮寺文書』『妙顕寺文書《みょうけんじもんじょ》』ほか）。しかも、「配符《はいふ》」とよばれた文書を「助筆《じょひつ》」（書くのを手伝うこと）した山科言継によれば、「配符」は全部で「五六百通」におよんだという（『言継卿記』十月九日条）。

ここからは、信長が「五六百」におよぶ京都および周辺の寺社から集めた「段別」米を上京・下京の町々に貸し付け、その利息でもって「禁裏様」の「御賄」にあてたことがあきらかとなる。要するに、信長はみずからの懐をいためることなく内裏の懐を潤そうとしたわけだが、もしかすると「禁中」（禁裏、内裏、天皇）や「武家」（将軍家）が御座する京都の町々や寺社がこのような負担を担うのは当然のことと考えていたのかもしれない。

これよりのち秀吉も、天正二十年（一五九二）三月より「洛中各町に総額四〇〇〇貫文《かんもん》を貸し付け、その利息を徴収して洛中の橋の修理費用に充てるという「四千貫文貸付制度[17]」」をおこなったことが知られている。秀吉の場合、貸し付けた四〇〇〇貫文の原資がどこに由来するのかさだかでないものの、上京・下京の町々が進納する利息によって洛中の橋の修理がおこなわれたことや、今回のように、「禁裏様」の「御賄」にあてられたこととのあいだには通底するものがあったにちがいない。いずれの場合も、私的な蓄財ではなく、いわば公共事業に資するものだったと考えられるからである。そういう意味では、信長は「禁中」に対しても思いのほか私心なく接していたといえるのかもしれない。

本能寺がはじめて宿所とされる

ところで、元亀元年（永禄十三年、一五七〇）八月二十三日に岐阜より上洛した信長は、「本能寺」へ入ったと『言継卿記』同日条には記されている。これが、信長が本能寺と接点をもった最初となるが、こ

元亀2年（1571）信長在京表

年	月日	事跡	宿所	典拠
元亀2年（1571）	5月、信長、伊勢長島一向一揆を攻撃			
	9月12日、延暦寺焼き討ち			
	9月13日	入京	妙覚寺	言継・御湯・多聞・尋憲
	9月14日		妙覚寺	
	9月15日		妙覚寺	
	9月16日		妙覚寺	
	9月17日		妙覚寺	
	9月18日	出京	妙覚寺	言継・尋憲
	信長、岐阜に滞在			

のときの宿所がなぜ「半井驢庵所」や妙覚寺などでなく、本能寺だったのかという点についてはさだかでない。

しかも、それからわずか二日後の二十五日には、信長は三好三人衆を攻めるため摂津へ「出陣」してしまうから（『兼見卿記』同日条）、なおさら、なぜ本能寺だったのかについては不明といわざるをえないであろう。

ただ、同じ年の十二月に信長は、本能寺に対して「定宿《じょうやど》たるのあいだ、余人《よじん》寄宿停止《ちょうじ》」との一文を記した「条々」を出している（『本能寺史料』）。ここからは、信長が本能寺を「定宿」にしようとしていたと考えられるわけだが、ところが、「信長在京表」をみてもわかるように、実際に信長が本能寺を「定宿」にするのはくだって天正九年（一五八一）以降となる。しかも、元亀二年九月の延暦寺焼き討ち直後に信長が入ったのも妙覚寺であり（『言継卿記』九月十三日条）、それは翌元亀三年（一五七二）でも同様であったことからすれば、何らかの理由で妙覚寺に寄宿するほうを信長が選び

「法能寺」（本能寺）

とったと考えざるをえないであろう。おそらくその理由とは、妙覚寺のほうが本能寺よりも義昭御所に近いということだったのではないかと思われる。

この時期の本能寺といえば、『上杉本洛中洛外図屏風』に「西洞院とをり」（西洞院《にしのとういん》通）より西側、四条坊門通（蛸薬師《たこやくし》通）より北側に「法能寺」という墨書とともに描かれていることで知られている。また、文献史料でも、永禄十一年（一五六八）九月四日に義昭の奉行人のひとりである飯尾《いのお》為房《ためふさ》の名で「下京六角与《と》四条坊門、油小路《あぶらのこうじ》西洞院中間、方四町々《ほうよんちょうちょう》」の「一円」「領知」がみとめられたことが確認できる（『本能寺史料』）。

これらのことから、当時の本能寺が六角通より南、四条坊門通より北、西洞院通より西、油小路通より東の「方四町々」の敷地にあったことはあきらかといえるわけだが[18]（43頁・図2）、このように、下京のなかでも、どちらかといえば西端に位置し、しかも妙覚寺とくらべて義昭御所とのあいだにかなりの距離があるところをわざわざこの時期「定宿」にしようとした理由についてはなぞというほかないであろう（本能寺については、エピローグの「故地を訪ねて―本能寺跡―」でもくわしくふれる）。

徳大寺殿御屋敷、信長の屋敷として普請はじまる

あけて元亀三年（一五七二）、信長は突然、京都に屋敷を構えようと動き出す。そのことを伝える『兼見卿記』三月二十一日条によれば、「徳大寺殿御屋敷《とくだいじどのおやしき》」が信長の屋敷として「普請」されることとなり、その「四方築地《ついじ》」を築くにあたって、兼見や「大覚寺殿《だいかくじどの》・久我殿《こがどの》・藤宰相《とうのさいしょう》・松梅院《しょうばいいん》」らが義昭から「簀《す》」（竹、葦、藁などで編んだ、籠、笊《ざる》の一種）を提供するようもとめられたことがわかる。

ここでなぜ、「徳大寺殿御屋敷」が信長の屋敷として普請されることになったのかという点については、じつのところよくわからない。『公卿補任《くぎょうぶにん》』によれば、元亀三年時点での徳大寺殿とは、徳大寺公維《きんふさ》となるが、その公維の養父実通《さねみち》が、天文十四年（一五四五）四月九日に「越中国」「在国」（京都をはなれて地方にいること）中に「生害《しょうがい》」（『公卿補任』ほか）したことは知られるものの、公維が「在国」し、屋敷を不在にしていたという形跡はみられないからである。したがって、徳大寺家は、当主が在京していたにもかかわらず、むりやり屋敷を取られるかっこうになったといえよう。

この点、『信長公記』では「上京むしや《（武者）》の小路にあき地の坊跡これあるを、御居住に相構えらるべき」

「徳大寺殿」

とあり、「あき地」であったことが理由とされている。しかしながら、これよりのち、天正四年（一五七六）に「二条殿御屋敷」が信長の屋敷として普請されることになったさいにも、『信長公記』は「二条殿御屋敷、さいわい空間地にてこれあり」と記していることをふまえるなら、その記述をうのみにするわけにはいかないであろう。のちにもふれるように、「二条殿御屋敷」をめぐっても、屋敷の主であった二条晴良《にじょうはるよし》に替え地があたえられたうえで接収されたことが、『言経卿《ときつねきょう》記《き》』など同時代史料によってあきらかとなるからである。

そういう意味では、「徳大寺殿御屋敷」も元亀三年五月二十五日付けの室町幕府奉行人連署奉書《ぶぎょうにんれんしょほうしょ》（『古文書纂』）にみえるように、「替え地として慈徳寺《じとくじ》ならびに境内など一円」が徳大寺家にあたえられたうえで普請がはじめられたとみるのが自然であろう。

その「徳大寺殿御屋敷」の所在地については、正確な位置

元亀3年（1572）信長在京表

年	月日	事跡	宿所	典拠
元亀3年（1572）	信長、岐阜に滞在			
	3月12日	入京	妙覚寺	兼見
	3月13日			
	3月14日			
	3月15日			
	3月16日			
	3月17日			
	3月18日			
	3月19日			
	3月20日			
	3月21日	徳大寺殿御屋敷の築地普請		兼見
	3月22日			
	3月23日			
	3月24日			
	3月25日			
	3月26日			
	3月27日			
	3月28日			
	3月29日			
	4月1日			
	4月2日			
	4月3日			

を文献史料によってたどることはできない。ただ、『上杉本洛中洛外図屏風』には「徳大寺殿」と墨書された屋敷がみえ、『洛中絵図』に「徳大寺町」、現在でも「徳大寺殿町」という町名が残されている。また、「徳大寺町」「徳大寺殿町」は武者小路《むしゃのこうじ》（「むしゃの小路」）に接しており、これらのことから、おおよそこのあたりに「徳大寺殿御屋敷」があったとみてよいであろう〔22頁・図1〕。

もっとも、そうなると義昭御所からはかなり遠方となる。そのことも関係するのであろうか、『兼見卿記』をみるかぎりでは、「築地の普請」にか

元亀3年（1572）

日付	動向	宿所	典拠
4月4日		妙覚寺	
4月5日			
4月6日			
4月7日			
4月8日			
4月9日			
4月10日			
4月11日			
4月12日			
4月13日			
4月14日			
4月15日			
4月16日	出京		誓願寺文書・兼見・御湯
信長、河内に三好義継・松永久秀を攻撃			
5月4日	5月5日以前に入京？	未詳（妙覚寺？）	大徳寺文書
5月5日	信長、賀茂競馬見物		孝親
5月6日			
5月7日			
5月8日			
5月9日			
5月10日			
5月11日			
5月12日			
5月13日			

かわる動きはみられるものの、建物についての動きは読みとれない。「島田但馬守（秀満）」が「信長屋敷の作事《さくじ》奉行」であったことは、『兼見卿記』五月十六日条から知られるにもかかわらず、それ以降の動きがみられないのである。それを反映するかのように、「信長在京表」をみても、信長が「徳大寺殿御屋敷」に入った形跡は確認できない。おそらく完成にいたらなかった可能性が高いのではないだろうか。

義昭と敵対し洛外を焼き討ち

年があらたまって元亀四年（一五七三）三月二十九日、信長は上洛し、知恩院《ちおんいん》

5月14日 出京		兼見
信長、岐阜に滞在		
7月〜12月、信長、近江小谷城を攻撃		
12月22日、三方ケ原合戦		

に入る。このときなぜ鴨川より東側に所在する知恩院に信長が入ったのかといえば、『兼見卿記』同日条に「先勢《さきぜい》粟田口《あわたぐち》にいたり出勢《しゅっせい》なり」「諸勢東の郷ことごとく陣取りなり」とみえるように、軍勢をともなっていたためであったことがあきらかとなる。

信長の軍勢がわざわざ鴨東《おうとう》の地に陣取ったということは、それと対峙する敵対勢力が鴨川をへだてた洛中にいることを意味する。そのこともあって、信長上洛のうわさが流れただけで「洛中洛外もってのほか物忩《ぶっそう》」となり、「京中」の町人たちはことごとく「禁裏御築地のうち」に「小屋を懸け」「妻子」を避難させたと『兼見卿記』同日条は伝えている。信長の上洛が、ふたたび京都に恐怖と不安をもたらしたことが知られよう。

それでは、信長の敵対勢力とは何者だったのであろうか。それは、「今度大樹《たいじゅ》の御所行《しょぎょう》沙汰のかぎりなり」と『兼見卿記』同日条が記していることからもあきらかなように、「大樹」（将軍義昭）その人であった。

義昭が信長と敵対するようになったのことがはっきりとわかるのは、同年の二月二十六日付けで近

元亀４年・天正元年（１５７３、７月28日改元）信長在京表①

年	月日	事跡	宿所	典拠
元亀４年・天正元年（1573、７月28日改元）	信長、岐阜に滞在			
	2月、義昭、敵対の意志を示す			
	3月29日	入京	知恩院	兼見・御湯・東寺・公卿
	3月30日			
	4月1日			
	4月2日	洛外焼き討ち		兼見・公卿・古文書纂
	4月3日	洛外焼き討ち		兼見・公卿
	4月4日	上京焼き討ち	等持寺	兼見・御湯・東寺
	4月5日		知恩院	
	4月6日			
	4月7日	和平の儀がなる		兼見
	4月8日	出京		兼見
	信長、岐阜に滞在			
	7月、義昭、槇嶋へ移る			
	7月9日	入京	妙覚寺	兼見
	7月10日			
	7月11日			
	7月12日			
	7月13日			
	7月14日			
	7月15日			
	7月16日			
	7月17日	出京		兼見・御湯・二条

江の浅井長政《あさいながまさ》が越中の勝興寺《しょうこうじ》に送った書状（『勝興寺文書』）のなかで「当月十三日、公方様御色《いろ》を立てられ、義景《よしかげ》・拙身へ御内書《ごないしょ》を成しくだされそうろう」と記していることから、二月なかばであったと考えられる。

実際、『兼見卿記』二月十七日条をみてみると、義昭が「御城中堀」の普請をはじめようとしていたことが読みとれる。この間、信長ときびしく対立していた浅井・朝倉氏と通じた以上、義昭が合戦も辞さない覚悟で御所の防備を急いだことが知られよう。

いっぽう、信長のほうはといえば、さすがに義昭を滅ぼすことまでは考え

信長、義昭を没落させる			
7月21日	入京？	未詳	（信長）
7月22日			
7月23日			
7月24日			
7月25日			
7月26日			
7月27日	出京		公卿
信長、近江高島、岐阜に滞在			

ていなかったようである。しかしながら、京都の人びとがいだいていた恐怖と不安は現実のものとなった。卯月六日に信長が徳川家康に送った書状（『古文書纂』）にみえるように、義昭に「種々ことわりにおよぶといえども、御承諾なき」ゆえ、「去る二日・三日両日、洛外残るところなく放火せしめ、四日に上京ことごとく焼き払」う大惨事がふりかかって来ることになったからである。

『兼見卿記』四月三日条によれば、洛外については、「諸卒」が「賀茂《かも》・西京《にしのきょう》より嵯峨《さが》に打ち廻り、在々所々ことごとく放火」したという。『公卿補任』には、「東西南北辺土《へんど》在々所々百二十八ヶ所放火」とあり、また、編纂物ながら『年代記抄節』四月三日条にも「およそ百二十余ヶ所破る」とみえるから、手はじめに洛外の村々が焼かれたことが知られよう。

上京焼き討ちで焼け野原に

そして、翌四日の「丑《うし》の刻」（午前二時ころ）に「西陣《にしじん》より放火」がはじまり、「二条より上京」は家「一間も残らず焼失」したと『兼見卿記』同日条は記している。「丑の刻」といえば、当時の人びとの感覚でいえば前日の深夜にあたる。そのため、『東寺執行日記《とうじしぎょうにっき》』では三日のできごととして「上京夜半より焼き出《い》ず」と記されている。

このように、連日にわたって洛外と上京が信長によって焼き討ちされたわけだが、義昭御所に対して圧力をかけることが目的であったため、火の手は「武衛陣の御城の隍際《ほりきわ》まで」でとまり、また、「内裏・相国寺《しょうこくじ》南塔頭・仏陀寺《ぶっだじ》・法恩(報)寺・廬山寺《ろざんじ》・浄福寺《じょうふくじ》・木屋《こや》の薬師堂《やくしどう》・一条観音堂《かんのんどう》」などにも火の手はまわらなかったという（『年代記抄節』四月四日条）〔22頁・図1〕。

実際、『御湯殿上日記』四月四日条には「この御所の御辺《あた》りは、かたく申つけてめでたし」とみえ、内裏周辺に被害がおよばなかったことがあきらかとなる。もっとも、「西陣」と距離の近かった「誓《せい》願寺《がんじ》・百万遍《ひゃくまんべん》」「講(革)堂」などは被災し（『東寺執行日記』四月三日条）、また、『御湯殿上日記』四月四日条が「上京、内野《うちの》になる」と記していることからもわかるように、上京のかなりの部分が焼け野原になったことはまちがいなかった。

となれば、人的な被害も甚大であったと想像されるが、実際、『兼見卿記』四月四日条が「洛中洛外において町人・地下人数知れず殺害」と伝えるように、百姓・町人に多数の犠牲者が出たことがあ

「ちおんいん」（知恩院）

きらかとなる。

ここで注意しておく必要があるのは、右の記事をみてもわかるように、その死因が「焼死」ではなく、「殺害」と記されている点であろう。彼らを死に追いやったのは火の粉ではなかったのである。

それでは、「町人・地下人」らを死に追いやったのは何だったのだろうか。たとえば、それは、『年代記抄節』四月四日条に信長の軍勢が「京中辺土」で「乱妨《らんぼう》」（略奪）をくり広げ、「取り物ども宝の山のごとくなり」と記しているように、いわゆる乱妨狼藉《ろうぜき》（濫妨狼藉）にともなう殺戮であったことがあきらかとなる。また、『東寺光明講過去帳《とうじこうみょうこうかこちょう》』には、「上下の人びと道俗・男女・子供」らが「落ち行く」途中、「路」や「大井《おおい》・桂川《かつらがわ》の川流れ」で信長の軍勢に追いやられ、「打ち死に」したと記されている。

じつは、これらのことについては宣教師ルイス・フロイスも耳にしていたらしく、「美濃および尾張の兵士ら」が「上《かみ》の都」（上京）の「富貴なる人びと」の「夫人」を「捕らえ、あるいは牛の背に乗せ、あるいは小児をいだき、あるいはその手を取りて兵士らの前を歩行」させて「営所《えいしょ》に曳き行」くのみならず、「小児をいだきたるためにすすむことあたわざるものは、あるいは小児を殺し、あるいは槍をもって突きてすす」ませ、あげくのはて「桂川の岸に接したる村々にいたりしとき」「婦人らは」「捕らえられることを恐るるのあまり、水流のはげしくして深きをわすれ、川に入りて足の立たざるところまですすみ、たちまち水に流され、漁夫が魚を捕らうるために設けたる柵にかかりて死」んだと書翰（『日本《にほん》耶《や》蘇《そ》会年報《かいねんぽう》』）に記している。

「おゝい川」（大堰川）

これらのことからもあきらかなように、「町人・地下人」らを死に追いやったものとは、信長の軍勢による乱妨狼藉（濫妨狼藉）にほかならなかった。[19] 戦国の習いとはいえ、すさまじい暴力の嵐が京都でも吹き荒れたことが知られるわけだが、その記憶が洛中洛外の人びとの心に深くきざまれたであろうことは想像にかたくない。

おそらくその一端が、「この時分は、みなみな子供まで泣き申しそうろうに、上総殿《かずさとの》の衆（織田上総介信長の軍勢）と申しそうらえば、子供泣きやみ申しそうろうほど恐がり申しそうろう」（『岡本保望上賀茂神社興隆《おかもともちやすかみがもじんじゃこうりゅう》覚《おぼえ》』〔20〕）との生々しい証言へつながることになったと考えられる。

焼き討ちされなかった下京

ところで、同時代史料によるかぎり、洛外と上京が焼き討ちされるいっぽうで、下京が焼かれたとの事実を確認することはできない。なぜそのようになったのかという点についてはさだかでないが、ただ、宣教師ルイス・フロイスが送った書翰（『日本耶蘇会年報』）にみえるようなことがらが関係していた可能性は高い。

それによれば、上京焼き討ちの直前、「上《かみ》および下《しも》の都の市民らは、日本六十六箇国の首都にして名誉あるこの大いなる都市を焼くときは、被害全国におよぶがゆえに、極力信長のこれを焼き払わざるべきことを懇請《こんせい》し、これがために上の都は銀千三百枚を、下の都は五百枚を信長に、三百枚をその部将に贈」ったものの、上京に対しては、「建築に著手せる宮殿の周壁を破壊したることにより、その怒りに触れた」いっぽう、下京に対しては、「希望を容れ、これを焼かざるべきとの書き付けをあたえ」たとされている。

ここにみえる「宮殿」とは、「徳大寺殿御屋敷」を指すと考えられるが、その「周壁」を上京の町人たちが実際に「破壊」したのかどうかについては日本側の史料で確認することはできない。ただ、編纂物ながら『老人雑話』には、義昭が「京の口々を町人を差し遣わして守らしむ」と記されており、上京の町人たちが義昭に与同したかのようにみられた可能性は否定できないであろう。

もっとも、もし仮に上京の町人たちが、『老人雑話』のいうように義昭の命により「口々」を守ったのだとしても、それは一種の役負担にあたるものであるから、彼らに責めを負わすのは酷なように思われる。

いずれにしてもこのように、下京がなぜ焼き討ちされなかったのかについてはさだかでないが、もしかすると信長が寄宿することの多い妙覚寺が下京に所在していたことも無縁ではないのかもしれない。それを裏づけるかのように、この年の七月に上洛した信長が入ったのも妙覚寺だったことが、「信長在京表」から確認できる。

ちなみに、焼き討ちはまぬがれたものの、下京の町人たちもまた、けっして無傷というわけにはいかなかった。『日本耶蘇会年報』によれば、「都の住民の年寄《としより》ら協議し」、「市の将来の安全のためおよび下の都を焼かざりし恩恵に対する感謝のため」「大小の各町に銀十三枚を課した」とされているからである。

これに関しては、日本側の史料も残されている。元亀四年六月十八日付けで表紙に「下京《しもきょう》中《ちゅう》出入《でいり》

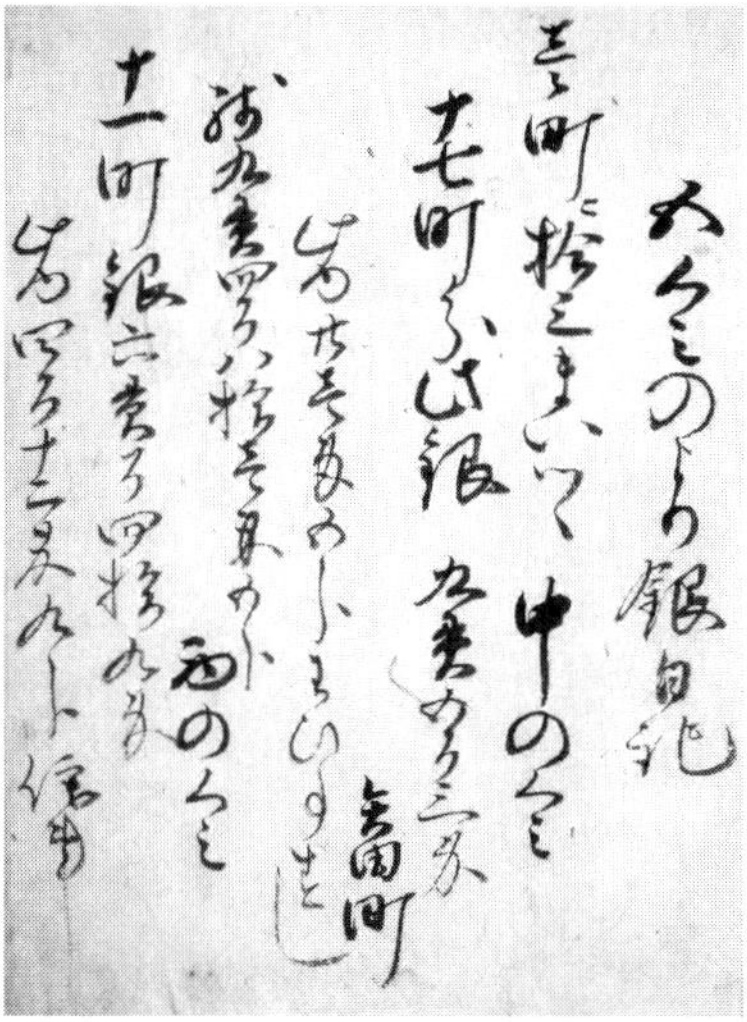

「下京出入之帳」　早稲田大学図書館蔵

之《の》帳《ちょう》」と記された帳簿（早稲田大学図書館所蔵）がそれであるが、そこには、『日本耶蘇会年報』の記述どおり「壱町に拾三枚づつ」「銀」が課せられたと記されている。

また、同じく『日本耶蘇会年報』には、町人のうち「貧民」らが「彼らに課せられたるところを払うことあたわざるものは、暴力をもって貧家より追われ、その家の売却代金のうちより彼らに課したるものを徴集」されたと伝えられている。おそらくこれも事実であり、下京の町人たちも少なからざる代償を払ったことがあきらかとなろう。

義昭が京都を退去

さて、洛外と上京焼き討ちからわずか三日後の四月七日に「和平の儀」がなり、翌八日に信長が京都をあとにしたことが、『兼見卿記』各日条から読みとれる。焼き討ちの影響はもとより、内裏からの使いである「勅使《ちょくし》」が信長の「本陣知恩院」へ遣わされたことも「和平の儀」がなった理由のようだが、しかしながら、それからおよそ三ヶ月たった七月三日に義昭は御所を「御退城」し、京都南郊の「槇嶋《まきしま》」へ移る（『兼見卿記』同日条ほか）。ふたたび信長に対して敵意をあらわしたのである。

その一報をうけた信長は九日に上洛、「妙覚寺」に入ったあと、十七日に「出馬」し、そして十八日には「槇嶋ことごとく放火」して、義昭を「上山城枇杷庄《びわのしょう》あたり」、ついで「河内若江《かわちわかえ》」へ没落させたことが『兼見卿記』各日条から読みとれる。

これ以降、秀吉の時代にいたるまで義昭は京都へ足を入れることはなかったが、それをふまえるなら、京都における室町幕府はここに倒壊したとみてよいであろう。逆に、信長の立場からすれば、例の「触状」に記した「参洛」の目的としての「禁中御修理」「武家御用」「天下いよいよ静謐」のうちのひとつを失うことになったといえる。信長にとっても、上洛する意味や京都そのものの意味合いが大きくかわる転機になったといえよう。

故地を訪ねて 3　半井驢庵所跡

永禄十三年（一五七〇）二月に信長が入った「半井驢庵所」があった炉庵町は、現在その町名を残していない。しかしながら、烏丸通も中立売通も当時の道路と重なっているから、かつての炉庵町へたどりつくことはできる。

烏丸通と上長者町通《かみちょうじゃまち》（土御門大路《つちみかどおおじ》）が交差するところから北のほうをながめると、そこがかつての炉庵町となる〔22頁・図1〕。現在は烏丸通が拡幅され、また東側は京都御苑となっているため、東側に「半井驢庵所」があったとすれば、御苑内となろう。

いっぽう、西側にあったとするなら、そこは住宅やホテルとなっている。このように、あらためて故地に立ってみると、この地が内裏にも近いことが実感できる。信長が「半井驢庵所」に入ったのは、義昭御所との距離もさることながら、内裏に近かったことも理由のひとつであったのかもしれない。実際、先にふれたように、「半井驢庵所」に入るまえに信長は「禁裏」へ「祗候」し、「衣冠《いかん》」を着して内裏の「御作事」を「回覧」したことが、『言継卿記』三月一日条には記されている。

つぎに、「半井驢庵所」を通りすぎ、烏丸通を北上して、中立売通（正親町小路《おおぎまちこうじ》）との交差点あたりまで来ると、往時であれば、木屋の薬師堂のすがたがみえたはずである（22頁・図1）。『言継卿記』大永《だいえい》七年（一五二七）九月八日条に「小屋薬師」と書かれているところから、「こやくし」とよばれたことがわかる薬師堂である。(21)

上京焼き討ちのさいには、「木屋の薬師堂」は焼け残ったと『年代記抄節』元亀四年（一五七三）四月四日条にみえる。したがって、それより南にあたる「半井驢庵所」も焼けなかった可能性は高いであろう。

また、木屋の薬師堂より少し北へすすんだところには、『言継卿記』の記主である山科言継の屋敷があったと考えられている。(22)このことからもわかるように、周辺一帯には公家屋敷もあり、それゆえ被災をまぬがれたとみられよう。もっとも、『兼見卿記』四月四日条には「烏丸町にいたり類火なり」とみえ、一部類焼したようにも伝わっている。からくも焼け残ったというのが実際のところだったのかもしれない。

かつて炉庵町があった烏丸上長者町交差点北側付近

故地を訪ねて４　徳大寺殿御屋敷跡

　木屋の薬師堂から烏丸通を北上していくと、一条通（一条大路）と交差したところにさしかかる。そして、それをそのまま北上していくと、西のほうに向かってややななめに走る道路に出会うことになる。これが武者小路通（武者小路）である。

　平安京に由来する京都の街路といえば、碁盤の目ということばからも想像されるように、ななめに走るものは存在しない。それではなぜ武者小路通はななめに走っているのかといえば、それは、先ほど一条通を通りすぎたことからもわかるように、武者小路通が一条以北、つまりは平安京の外にあることに理由がもとめられる。

　じつは、北辺《ほくへん》とよばれた一条以北の地は、中世にかけてあらたに開発されたところとして知られている。そして、その「道路網」の開発は、「遅くとも平安時代中期、十世紀に始まると推定」され、「鎌倉時代初頭には」「すでに整然とした形で成立していた」[23]と考えられている。武者小路のほか、北小路《きたこうじ》（今出川通《いまでがわ》）や西大路《にしおおじ》（上立売通《かみだちうり》）などもそれらに含まれるが、このうち武者小路通を西にすすんで、新町通《しんまち》（町小路《まちこうじ》）と交差したところにまでたどりつくと、一帯の町名が徳大寺殿町であることに気がつく。おそらく、武者小路通と新町通の交差点の東北あたりに「徳大寺殿御屋敷」があったのであろう〔22頁・図1〕。

『上杉本洛中洛外図屏風』に描かれた「徳大寺殿」は、西側、新町通に門を開いている。現在、周辺は住宅地となっているが、信長の時代につくられた築地塀もまた、武者小路通や新町通沿いにそのすがたをみせていたのかもしれない。そして、『日本耶蘇会年報』によれば、その築地塀（「周壁」）を「破壊」したため上京は焼き討ちされることになったのであった。

ややななめに走っている武者小路通

徳大寺殿町にある霊光院天満宮付近

註

（1）谷口克広『信長と将軍義昭―連携から追放、包囲網へ―』（中公新書、二〇一四年）、久野雅司『足利義昭と織田信長―傀儡政権の虚像』（戎光祥出版、二〇一七年）。
（2）高橋康夫『京都中世都市史研究』（思文閣出版、一九八三年）、河内将芳『信長が見た戦国京都―城塞に囲まれた異貌の都―』（法蔵館文庫、二〇二〇年、初出は二〇一〇年）、同『歴史の旅　戦国時代の京都を歩く』（吉川弘文館、二〇一四年）、同『戦国京都の大路小路』（戎光祥出版、二〇一七年）。
（3）続群書類従完成会刊本では、「入江殿」を「入道殿」と翻刻しているが、東京大学史料編纂所所蔵の原本（写真）により「入江殿」と読むことができる。
（4）高橋康夫『洛中洛外―環境文化の中世史―』（平凡社、一九九八年）。
（5）河内将芳「永禄十一年上洛時における織田信長の宿所について―「古津所」をめぐって―」（『戦国史研究』八四号、二〇二二年）。
（6）高橋康夫「織田信長と京の城―近世都市・京都へ―」（同『海の「京都」―日本琉球都市史研究―』京都大学学術出版会、二〇一五年、初出は二〇〇一年）。
（7）河内前掲『戦国京都の大路小路』参照。
（8）発掘調査により室町通を越えた西側にも堀跡が発見されていることにより、新町通（町小路）まで城域が広がっていたとの理解もみられるが（『京の城―洛中洛外の城郭―』京都市文化市民局文化部文化財保護課、二〇〇六年、黒島敏『秀吉の武威、信長の武威―天下人はいかに服属を迫るのか―』平凡社、二〇一八年、同『天下人と二人の将軍―信長と足利義輝・義昭―』平凡社、二〇二〇年、山田邦和『変貌する中世都市京都』吉川弘文館、二〇二三年、中西裕樹「第二部　足利将軍ゆかりの城館」木下昌規・中西裕樹著『足利将軍の合戦と城郭』戎光祥出版、二〇二四年ほか）、信長との対立が決定的になった元亀四年（一五七三）二月に普請された「御城中堀」（『兼見卿記』

二月十七日条）などに関連する可能性も考えられはしないだろうか。
（9）福島克彦「丹波内藤氏と内藤ジョアン」（中西裕樹編『高山右近―キリシタン大名への新視点―』宮帯出版社、二〇一四年）。なお、妙蓮寺の寺地の変遷については、河内将芳「中世妙蓮寺の寺地と立地について」（『興風』三三号、二〇二一年）参照。
（10）寄宿については、高橋慎一朗「軍勢の寄宿と都市住人」（同『中世の都市と武士』吉川弘文館、一九九六年、初出は一九九四年）や清水克行「軍勢駐屯と「宿札」慣行」（蔵持重裕編『中世の紛争と地域社会』岩田書院、二〇〇九年）など参照。
（11）河内将芳『日蓮宗と戦国京都』（淡交社、二〇一三年）、同『戦国仏教と京都―法華宗・日蓮宗を中心に―』（法藏館、二〇一九年）。
（12）藤井譲治「織田信長の撰銭令とその歴史的位置」（同『近世初期政治史研究』岩波書店、二〇二二年、初出は二〇一三年）、同「近世貨幣論」（同前掲『近世初期政治史研究』、初出は二〇一四年）、高木久史「織田信長の撰銭令―交換手段としての米使用との関係を中心に―」（同『日本中世貨幣史論』校倉書房、二〇一〇年）、同『通貨の日本史―無文銀銭、富文銭から電子マネーまで―』（中公新書、二〇一六年）など参照。
（13）高橋氏前掲「織田信長と京の城―近世都市・京都へ―」参照。
（14）常円寺日蓮仏教研究所編『平成二十七年度京都本山妙覚寺歴代先師会の栞』（妙覚寺、二〇一五年）。
（15）谷徹也氏によれば、「明智邸は上京のうち、義昭御所の周辺にあったと見てよいのではないだろうか」とされている（同「織豊期の京都屋敷」藤川昌樹・山本雅和編『近世京都の大名屋敷』文理閣、二〇二四年）。
（16）服部敏良『室町安土桃山時代医学史の研究』（吉川弘文館、一九七一年）。
（17）杉森哲也『近世京都の都市と社会』（東京大学出版会、二〇〇八年）。
（18）河内将芳「中世本能寺の寺地と立地について―成立から本能寺の変まで―」（同前掲『戦国仏教と京都―法華宗・

日蓮宗を中心に―』、初出は二〇〇八年）。なお、『言継卿記』元亀元年八月二十三日条に「織田弾正忠信長、三条西洞院本能寺へ付かると云々」とみえることから、本能寺の敷地が三条通まであったと理解するむきもある。しかしながら、本能寺に残される古文書などでは、現在のところ、それを示すものがない。したがって、古文書の情報を優先すべきと考えられよう。

(19) 上京焼き討ちについては、河内前掲『信長が見た戦国京都―城塞に囲まれた異貌の都―』でもくわしくふれている。

(20) 下坂守「史料紹介　岡本保望上賀茂神社興隆覚」（同『中世寺院社会と民衆―衆徒と馬借・神人・河原者―』思文閣出版、二〇一四年、初出は一九九五年）。

(21) 川嶋美貴子「京都「木屋薬師堂」考―土蔵から薬師堂へ―」（『日本宗教文化史研究』第十七巻一号、二〇一三年）。

(22) 高橋氏前掲『京都中世都市史研究』参照。

(23) 註（22）参照。

第二章　「禁中守護」の時代（天正元年〜天正九年）

正親町天皇画像　京都市東山区・泉涌寺蔵

I　「禁中」を守護する右大将（天正元年〜天正四年）

信長の申請で天正に改元

元亀四年（一五七三）七月に将軍足利義昭が京都、そして槇嶋から没落したのち、信長が上洛してまずおこなったこととは、『御湯殿上日記』七月二十一日条に「信長より改元のこと、にわかに申す」とあるように、元亀四年の「改元」申請であった。また、その翌二十二日条には、「信長、この御所を夜廻りて、見まいらせて返《かえ》る」とみえるように、内裏を夜廻りしたことも知られる。いずれも、内裏（禁裏、禁中、天皇）にかかわることばかりであり、「武家」（将軍家）が不在となった京都において、信長が内裏への対応に重心を移しつつあったことがうかがえよう。

そもそも改元については、前年の元亀三年（一五七二）三月の段階ですでに内裏のほうから「改元のこと仰せら」（『御湯殿上日記』三月二十九日条）れたにもかかわらず、「武家」が「雑用《ぞうよう》」（費用）「いまだ調《ととの》おりそうらわで」「御延引」（『御湯殿上日記』四月二十日条）になったという経緯がある。

また、信長も、義昭へ申し入れた「十七ヶ条」（『尋憲記《じんけんき》』元亀四年二月二十二日条）のなかで改元についてて意見したことが知られており、それを義昭が履行しなかったため、今回「にわかに」信長が申

元亀４年・天正元年（１５７３、７月28日改元）信長在京表②

年	月日	事跡	宿所	典拠
元亀４年・天正元年（1573、7月28日改元）	8月20日、朝倉義景生害			
	8月28日、浅井久政生害			
	9月1日、浅井長政生害			
	11月9日、大樹若君、上洛			
	11月10日	入京	妙覚寺	孝親・御湯・公卿・(信長)
	11月11日			
	11月12日			
	11月13日			
	11月14日			
	11月15日			
	11月16日			
	11月17日			
	11月18日			
	11月19日			
	11月20日			
	11月21日			
	11月22日			
	11月23日	信長、妙覚寺で茶会		宗及
	11月24日			
	11月25日			
	11月26日			
	11月27日			
	11月28日			

請することになったのであろう。

それから数日たった七月二十八日に「改元天正《てんしょう》にな」（『御湯殿上日記』同日条）り、元亀四年は天正元年とあらためられる。これからおよそ二十年にわたり天正の元号はつづくことになるが、ちょうどそのなかばにあたる天正十年（一五八二）に信長は京都で命を落とすことになる。第二章では、このうち天正元年から天正九年にいたるまでの信長の京都における足跡をたどっていくことにしよう[1]。

浅井・朝倉氏の滅亡で道中が安全に

天正に改元されてひと月あまりたっ

元亀4年・天正元年（1573、7月28日改元）

11月29日	12月1日	12月2日	12月3日	12月4日	12月5日	12月6日	12月7日	12月8日	12月9日	12月10日	12月11日	12月12日	12月13日	12月14日	12月15日	12月16日	信長、岐阜に滞在
								信長、天皇譲位の勅定をうける								出京	
妙覚寺																	
								京都御所東山御文庫所蔵文書・孝親								孝親・公卿	

た八月二十日、この間、信長を苦しませつづけてきた越前の朝倉義景《あさくらよしかげ》が「生害《しょうがい》」（自害）に追いこまれる（『公卿補任』ほか）。『年代記抄節』によれば、家臣の「朝倉同名式部大輔《しきぶのたいふ》」が「別《べっ》心《しん》」したためとされているが、信長は義景の「首を京都へ差し上《のぼ》」（『乃美文《のみもん》書正写《じょしょうしゃ》』）らせている。義景を京都に対する謀反人としてあつかったことが知られよう。

それから、わずか八日後の八月二十八日には、「江州北郡浅井下野《あさいしもつけの》守《かみ》」（久政《ひさまさ》）が「生害」、また、九月一日には、その「子備前守《びぜんのかみ》」（長政《ながまさ》）も「首をはね」られたと『年代記抄節』は伝えている。この「浅井父子の首」も、「洛中洛外のもの見物のため上せ遣わし」たと信長は語っており（『乃美文書正写』）、朝倉義景と同様、京都に対する謀反人としてあつかわれたことがあきらかとなろう。

こうして、ここ数年、信長ともっともするどく対立してきた浅井・朝倉氏が滅亡することになった。「近年の鬱憤《うっぷん》を散じ」（『妙智院文書《みょうちいんもんじょ》』）たとのことばは、信長のいつわらざる心情だったのではないかと思われるが、両氏の滅亡と義昭の没落とが関係しているのかどうかについてはさだかでない。ただ、これによって、岐阜から京都への道筋が、信長にとって格段に安全になったことだけはまちがいないであろう。

変わらず妙覚寺を宿所にした理由と「大樹若君」

その年の十一月十日、信長は岐阜より上洛する（『孝親公記《たかちかこうき》』同日条ほか）。『信長公記』では、信長は「二条妙覚寺御寄宿」とされているが、同時代史料にはそのことが記されていない。もっとも、それから十日あまりたった十一月二十三日に「京都妙覚寺において」信長が茶会を催したことが確認できるから（『宗及他会記《そうぎゅう》』）、このときの寄宿先が妙覚寺だった可能性は高いであろう。

それにしても、すでに将軍義昭は京都におらず、その義昭の御所近くにあった妙覚寺にわざわざ寄宿する必要はないように思える。にもかかわらず、信長はなぜ妙覚寺に寄宿したのであろうか。それを直接説明してくれる史料は残されていないが、あるいは、信長上洛前日の九日に「大樹若君《たいじゅわかぎみ》」が「濃州より御上洛」したと伝える中山孝親《なかやまたかちか》の日記『孝親公記』同日条の記事が関係しているのかもしれない。

ここにみえる「大樹若君」とは、義昭の子であり、去る七月十八日に義昭が槇嶋から没落するにあたって人質として信長に差し出した人物を指す（『兼見卿記』同日条ほか）。ここから、その「若君」が「濃州」におり、そして、信長入京にともなって上洛したことがわかる。それではなぜ、「若君」は上洛したのであろうか。この点に関連して注目されるのは、同年十二月十二日にしたためられたと考えられる安国寺恵瓊《あんこくじえけい》の書状（『吉川家文書《きっかわけもんじょ》』）に「若君様」が「信長宿に置かれ」、「来春は御礼御申しそうらいてしかるべ」しと「信長直々《じきじき》申され」たとみえる点であろう。ここにみえる「信長宿」とは、妙覚寺を指すと考えられるが、そこへ「来春」、恵瓊がつかえる毛利氏や吉川氏が「御礼」すべきであるとの信長の考えが読みとれるからである。(2)

恵瓊の書状からは、「上意御帰洛」（将軍義昭の帰京）についても「羽柴藤吉郎《はしばとうきちろう》」（秀吉）とのあいだで交渉がなされていたことが知られる。また、この段階では義昭御所も一定程度、温存されており、(3)そのようなことを考え合わせるなら、そこへ「若君」が移ることも想定されていたのかもしれない。信長はなおも律儀に「武家御用」を遵守しようとしていたとみることもできよう。

ただし、義昭が「御帰洛」しなかったのと同じように、結局のところ、「若君」が「武家」になることもなかった。信長の死後ではあるものの、秀吉の時代にあたる天正十五年（一五八七）八月十四日に「公方様の御息」が興福寺《こうふくじ》「大乗院御跡目《だいじょういんおんあとめ》」として入寺するとの情報を『多聞院日記』同日条が記しているからである。

　そして、同月二十八日には、「十六才」の「将軍の御息」が「御下向」し、翌九月十五日に「御得《ごとく》度《ど》」したことが、同じく『多聞院日記』の各日条から読みとれる。「若君」は、かつての父と同じように興福寺門跡《もんぜき》の道をあゆんだことが知られよう。『華頂要略《かちょうようりゃく》』によれば、「若君」の僧侶としての名は「義尋《ぎじん》」、のちに「還俗《げんぞく》」したものの、慶長《けいちょう》十年（一六〇五）十月十七日に「三十四歳」で「入《にゅう》滅《めつ》」（死去）したと伝えられている。

天正2年（1574）信長在京表

年	月日	事跡	宿所	典拠
天正2年（1574）		信長、岐阜に滞在		
	3月17日	入京	相国寺	尋憲・多聞・（信長）
	3月18日			
	3月19日			
	3月20日			
	3月21日			
	3月22日			
	3月23日			
	3月24日	信長、相国寺で茶会		宗及

相国寺を城に構える

　このように、「武家御用」の遵守が現実にむずかしくなっていったのと連動するかのように、翌天正二年（一五七四）三月十七日に上洛した信長は、妙覚寺ではなく、これまで一度として入ったことのないところに寄宿

天正２年（1574）

日付	事項	場所	典拠
3月25日			
3月26日		相国寺	
3月27日	出京		尋憲・多聞・宗及
3月28日	3月28日、信長、東大寺で蘭奢待を切り取る		
3月29日			
4月1日	入京		多聞
4月2日	笑嶺宗訢書状に信長が相国寺に城を構えるとの話がみえる		聚光院文書
4月3日	信長、相国寺で茶会		宗及
4月4日			
4月5日			
4月6日			
4月7日			
4月8日		相国寺	
4月9日			
4月10日			
4月11日			
4月12日			
4月13日			
4月14日			
4月15日			
4月16日			
4月17日			
4月18日			

する（『多聞院日記』同日条ほか）。

それが、『信長公記』に「相国寺はじめて御寄宿」とみえる相国寺であった〔22頁・図1〕。もっとも、厳密にいえば、同時代史料ではその寄宿先の名が記されていない。しかしながら、これからおよそ七日後の二十四日に「相国寺において」信長が茶会を催していることからすれば（『宗及他会記』）、宿所が相国寺であった可能性は高いであろう。

相国寺といえば、足利義満《よしみつ》が建立した京都五山《ござん》のひとつとして知られる禅宗寺院である。その相国寺になぜこのとき信長が入ったのか、その理由を考

天正2年（1574）																							
4月19日	4月20日	4月21日	4月22日	4月23日	4月24日	4月25日	4月26日	4月27日	4月28日	4月29日	4月30日	5月1日	5月2日	5月3日	5月4日	5月5日	5月6日	5月7日	5月8日	5月9日	5月10日	5月11日	5月12日
											相国寺												

える手がかりとして注目されるのが、堺南宗寺《なんしゅうじ》の笑嶺宗訢《しょうれいそうきん》が同年の「初夏」（四月）二日にしたためた書状（『聚光《じゅこう》院文書《いんもんじょ》』）にみえる「信長去月廿日ころ上洛、相国寺を城に構えられ、諸塔《たっ》頭《ちゅう》ことごとく居取《いどり》そうろうよしにそうろう、その身、太政大臣《だいじょうだいじん》の官位に上られ、禁中守護《きんちゅうしゅご》つかまつるべくそうろう」との一節である。

ここから信長が、京都（ただし、一条通以北の洛外）において、はじめてみずからの「城」を構えようとした可能性がうかびあがってくるからである。[4]また、それと同時に、「相国寺を城に構え」ることと「禁中守護」とが

天正2年（1574）			
5月13日			
5月14日			
5月15日	出京		多聞
信長、岐阜に滞在			
9月29日、信長、伊勢長島一向一揆を撃滅			
11月11日	入京？		集古筆簡
11月12日			
11月13日			
11月14日			
11月15日			
11月16日			
11月17日			
11月18日		未詳	
11月19日			
11月20日			
11月21日			
11月22日			
11月23日			
11月24日			
11月25日	出京？		多聞
信長、岐阜に滞在			

信長のなかでむすびついていたことも知られよう。

「武家御用」の遵守がむずかしくなるなか、信長は内裏（禁中、禁裏、天皇）への対応に重心を移そうとしていたことがうかがえるが、それは現実問題として、前年十二月に正親町天皇の「御譲位」の「勅定《ちょくじょう》」を信長が「御請《うけ》」（『孝親公記』十二月八日条）たことと関係しているのだろう。

それでは、信長は実際に「相国寺を城に構え」たのであろうか。この点については、残された史料によるかぎり、なかったと考えざるをえない。たとえば、翌天正三年（一五七五）三月三日に上洛したさい、信長が入ったのは「相国寺慈照院《じしょういん》宿所」（『兼見卿記』同日条）であり、一年近くたってもなお、普請の徴候すら

「相国寺」

みてとれないからである(5)。

そのことを裏づけるように、三月三日に上洛した信長と対面すべく「堂上数輩」が向かったところを『孝親公記』同日条は「相国寺旅宿」と記している。これらのことからもわかるように、相国寺もまた、結局のところ、信長にとっては「旅宿」（寄宿先）のひとつにすぎなかったことがあきらかとなろう。

「禁中守護」のための相国寺寄宿

それにしてもなぜ信長は相国寺に寄宿することにしたのだろうか。相国寺を建立したのが足利義満であり、その後の足利将軍家と相国寺との関係から、「足利将軍に代わり信長が京都の支配者となったことを強く喧伝する狙いがあった(6)」とみるむきもある。しかしながら、それを説明してくれるような史料も今のところ見いだせていない。

むしろ史料にそくしていうなら、やはり「禁中守護」にとって都合がよかったというのが理由なのではないだろうか。たとえば、かつて義昭

天正3年（1575）信長在京表

年	月日	事跡	宿所	典拠
天正3年（1575）		信長、岐阜に滞在		
	3月3日	入京	相国寺慈照院	兼見・御湯・孝親・宣教・大外・多聞
	3月4日			
	3月5日			
	3月6日			
	3月7日			
	3月8日			
	3月9日			
	3月10日			
	3月11日			
	3月12日			
	3月13日			
	3月14日	信長、公家・門跡借物を破棄		兼見・御湯・宣教・大外
	3月15日			
	3月16日	信長、今川氏真と会う		（信長）
	3月17日			
	3月18日			
	3月19日			
	3月20日	信長、今川氏真らの蹴鞠を見物する		（信長）

御所に近いということで妙覚寺が選ばれたのと同じように、相国寺も内裏に多少なりとも近かったことに理由がもとめられるのではないだろうか〔22頁・図1〕。

そのことを示すように、「信長在京表」をみてみると、相国寺に寄宿して以降、信長は比較的長く京都に滞在していたことが知られる。また、先にふれたように、上京焼き討ちのさいにも「相国寺南塔頭」（『年代記抄節』）が焼けなかったことも関係しているのかもしれない。

いずれにしても、「禁中守護」のため、あるいは「武家」が不在となった京都

3月21日		相国寺慈照院	
3月22日			
3月23日			
3月24日			
3月25日			
3月26日			
3月27日			
3月28日			
3月29日			
4月1日			
4月2日			
4月3日	信長宅で蹴鞠		孝親・宣教
4月4日	信長宅でまた蹴鞠		孝親・宣教
4月5日			
4月6日	出京		兼見・御湯・宣教・孝親・大外・多聞
信長、河内・摂津を転戦			
4月21日	入京	相国寺	兼見・御湯・孝親・宣教・大外・中務・多聞
4月22日			
4月23日			
4月24日			
4月25日			
4月26日			

において内裏への対応に重心を移すためにも、相国寺への寄宿が適切と判断した可能性は高いように思われる。もしそうであるなら、これまた意外なほどの律儀さが信長をして相国寺を選ばせたとみることもできるだろう。

ただし、「御譲位」の「勅定」を履行できなかったことからも知られるように、信長をとりまく情勢は、越前の政情不安や武田《たけだ》勝頼《かつより》の西進などきびしさをみせていた。(7) そして、そのような情勢が、長篠合戦《ながしのかっせん》（天正三年五月二十一日）や越前一向一揆平定（同年八月十六日）をへて好転をみせた(8)天正三年（一五七五）十月以降、信長は不

天正３年（1575）

4月27日		相国寺	
4月28日	出京		兼見・孝親・宣教・大外・中務
信長、岐阜に滞在			
5月21日、長篠合戦			
6月27日	入京	相国寺	宣教・大外・御湯
6月28日			
6月29日			
7月1日			
7月2日			
7月3日			
7月4日			
7月5日			
7月6日			
7月7日			
7月8日			
7月9日			
7月10日			
7月11日			
7月12日			
7月13日			
7月14日			
7月15日	出京		孝親・大外
信長、岐阜に滞在			

思議なことにふたたび妙覚寺に寄宿するようになる。

「信長在京表」をみてもわかるように、その後、二度と信長は相国寺へ寄宿せず、妙覚寺に寄宿するようになるからである。それが何を意味しているのかについては、もう少し先にすすんでから考えてみることにしよう。

なお、若干、時代のさがった史料ではあるが、相国寺鹿苑院主《ろくおんいんしゅ》の日記『鹿《ろく》苑日録《おんにちろく》』文禄《ぶんろく》元年（一五九二）九月十四日条には、「信長公寄宿のとき」、「当住」（鹿苑院主）は「鹿苑寺」（いわゆる金閣寺）に「住」したとの記憶が書き残されている。[9]

天正３年（1575）

8月16日、信長、越前一向一揆を平定			
10月13日	入京	妙覚寺	兼見・宣教・大外
10月14日		妙覚寺	
10月15日		妙覚寺	
10月16日		妙覚寺	
10月17日		妙覚寺	
10月18日		妙覚寺	
10月19日		妙覚寺	
10月20日		妙覚寺	
10月21日		妙覚寺	
10月22日		妙覚寺	
10月23日		妙覚寺	
10月24日		妙覚寺	
10月25日		妙覚寺	
10月26日		妙覚寺	
10月27日		妙覚寺	
10月28日	信長、茶会	妙覚寺	宗及
10月29日		妙覚寺	
10月30日		妙覚寺	
11月1日		妙覚寺	
11月2日		妙覚寺	
11月3日		妙覚寺	
11月4日	信長、権大納言任官	妙覚寺	大外・公卿
11月5日		妙覚寺	

これが事実を伝えているとするなら、信長が寄宿したさいには、鹿苑院主ら相国寺の僧侶たちは一時的にも退去を余儀なくされていたことになろう。先にもふれたように、天正三年七月以降、信長は相国寺へ寄宿することがなくなる。それにより、相国寺の僧侶たちは安堵の胸をなでおろしたのではないかと思われるが、そのいっぽうで、今度は妙覚寺の僧侶たちが迷惑をこうむることになった。

妙覚寺本堂の前で出迎える

天正三年（一五七五）十月十三日、信長は七月以来、およそ三ヶ月ぶりに

11月6日		妙覚寺	
11月7日	信長、右大将宣下の陣儀		兼見・宣教・大外・公卿
11月8日	信長、公家衆に新地を給付		宣教・大外
11月9日			
11月10日			
11月11日			
11月12日			
11月13日			
11月14日	出京		兼見・大外
信長、岐阜に滞在			

上洛する。そのときのことを中原師廉《なかはらのもろかど》の日記『大外記《だいげき》中原師廉記』同日条は、「信長殿御上洛につきて、堂上《どうじょう》・堂下《どうげ》迎えにお出で」（原文、ひらがな、以下同）と記している。

上洛する信長を公家たちがにぎにぎしく出迎えたことが読みとれるが、注目されるのは、それにつづけて「妙覚寺本堂の前にて待ち合い」という記事がみえる点であろう〔43頁・図2〕。ここからは、信長が相国寺ではなく妙覚寺へ入るとの情報が事前に伝わっていたことがあきらかとなるからである。

もっとも、実際には「昨日上洛あるべきのよし」「延び申し」たため、十三日の上洛となったようだが、いずれにしても、このとき信長がここ二年ほど寄宿していた相国寺ではなく、妙覚寺に入る意志をもっていたことはあきらかといえる。

ちなみに、この日、十三日に妙覚寺で信長を出迎えた公家たちとは、中御門宣教《なかみかどのぶのり》の日記『宣教卿記』同日条によれば、「二条殿（晴良）・九条《くじょう》殿（兼孝）・御方御所《おんかたごしょ》《二条殿》・大乗院殿（尋憲）・三宝院殿（義演）・近衛殿《御児御所》そのほか公家衆残らず」

であったと記されている。

ときの関白二条晴良や右大臣九条兼孝《かねたか》をはじめとした錚々たる公家衆や門跡衆が顔をそろえていたことがあきらかとなるが、このほかにも吉田兼見《よしだかねみ》などは、「大津路」の「路次」で「礼を申」したという（『兼見卿記』同日条）。

この点、『信長公記』には、「勢田《せた》・逢坂《おうさか》・山科・粟田口あたりに御迎え衆充ち満ちて崇敬ななめならず」と記されている。かなりの誇張はあるものの、あたらずといえども遠からずといったところだったのかもしれない。

それではなぜ、門跡衆を含め「公家衆残らず」が信長を妙覚寺に出迎えたのであろうか。もちろん、その理由を説明してくれる史料も残されていないが、結果からみれば、『大外記中原師廉記』十一月八日条にみえるように、「知行、摂家《せっけ》・清華《せいが》・門跡方・堂上・堂下・地下《じげ》以下、領知拝領《りょうちはいりょう》の御朱印」状がくばられたことと無縁ではないであろう。

〔表1〕は、このときにくばられた信長朱印状《しゅいんじょう》のうち、確認できるものを一覧にしたものである(10)。実際に出された朱印状はもっと多かったのではないかと考えられるが、いずれの文面にも「新地としてこれを進《まい》らせおわんぬ」という文言が見いだせる。

ここから、『大外記中原師廉記』にみえる「領知拝領」が「新地」を意味し、そして、このとき、

表１　天正３年11月新地給付一覧

	年月日	形状	宛所	新地石高	典拠	番号
1	天正３年11月６日	折紙	若王寺（子）	山城国西院内30石	若王子神社文書	５７５
2	天正３年11月６日	折紙	入江殿雑掌	山城国西院内30石	近衛家文書	５７６
3	天正３年11月６日	折紙	曇花院雑掌	山城国西院内30石	曇華院文書	５７７
4	天正３年11月６日	折紙	宝鏡寺殿雑掌	山城国西院内30石	宝鏡寺文書	５７８
5	天正３年11月６日	折紙	南御所雑掌	山城国西院内20石	宝鏡寺文書	５７９
6	天正３年11月６日	竪紙	仁和寺殿	山城国西院内１００石	仁和寺文書	５８０
7	天正３年11月６日	折紙	勧修寺門跡	山城国西院内30石	勧修寺文書	５８１
8	天正３年11月６日	竪紙	大覚寺殿	山城国御所内70石余ならびに嵯峨内〈生田村・高田村〉27石余	大覚寺文書	５８２
9	天正３年11月６日	折紙	実相院	山城国西院内10石	実相院文書	５８３
10	天正３年11月６日	竪紙	近衛殿	山城国五箇庄80石ならびに西院内１００石・西九条内40石余・唐橋10石・岩倉谷諸散在70石余	近衛家文書	５８４
11	天正３年11月６日	竪紙	一条殿	山城国西院内１００石	一条家文書	５８５
12	天正３年11月６日	折紙	花山院殿	山城国伏見郷津田分内50石	古文書纂	５８６
13	天正３年11月６日	折紙・写	正親町頭中将殿	山城国小松谷分50石余ならびに下岡崎内30石	正親町家庄園領知事	５８７
14	天正３年11月６日	折紙	官務殿	山城国東九条内20石	壬生文書	５８８
15	天正３年11月６日	折紙	猪隈殿	山城国東九条内５石	顕本寺文書	５８９
16	天正３年11月７日	折紙	祭主殿	山城国松崎三淵分内10石	下郷共済会所蔵文書	５９０
17	天正３年11月７日	折紙	五（御）霊殿代	山城国深草内50石	近衛家文書	５９１
18	天正３年11月７日	竪紙	青蓮院殿	山城国粟田口72石ならびに花園28石余青蓮院文書	青蓮院文書	５９２

19	天正3年11月7日	折紙	鷹司殿雑掌	山城国八条内10石	極楽寺文書	593
20	天正3年11月7日	折紙・写	西洞院殿	山城川勝寺内20石	若林書林所蔵文書	594
21	天正3年11月7日	折紙	在富	山城国上鳥羽内20石	土御門文書	595
22	天正3年11月7日	折紙	在脩	山城国上鳥羽内10石	土御門文書	596
23	天正3年11月7日	折紙	上御蔵立入左京入道	山城国富森内15石	立入文書	597
24	天正3年11月7日	竪紙	内侍所刀自	20石	立入文書	598
25			御局11人・御女房衆13人	247石		
26			伯殿	30石		
27			中御門殿	20石		
28			御膳方奉行両人	20石		
29			北面11人	55石		
30			出納両人	20石		
31			内竪両人	10石		
32			仕丁6人	18石		
33			御番屋	3石8斗		
34				山城国下三栖290石ならびに塔森99石・吉祥院西条47石・嶋村7石余		
35	天正3年11月7日	竪紙	院雑色	3石	森潤三郎氏所蔵文書	599
36			大仏師	3石		
37			大工4人	12石		
38			鍛冶彦兵衛	3石		
39			土山	3石		
40			調子	3石		
41			大黒	3石		

（注）番号は、奥野高広『増訂織田信長文書の研究　下巻』吉川弘文館、一九八八年）の文書番号。

門跡衆を含め「公家衆残らず」に対して、山城国内に五石から百石あまりの「新地」が給付されたことがあきらかとなるからである。

右大将任官のため上洛

『宣教卿記』によれば、すでに十月二十七日条に「村井《むらい》（貞勝）おのおの知行分書き立てなり」とあり、前月の十月の段階で「領知拝領の御朱印」状の準備がすすめられていたことが知られる。もっとも、それが信長上洛以前から予定されていたのかどうかについてはさだかでない。

ただ、「領知拝領の御朱印」状がくばられた十一月八日よりまえの同月四日に「消息宣下《しょうそくせんげ》」によって信長が「大納言《だいなごん》に任ぜら」れ、そして七日には、「陣儀《じんのぎ》」をへて「大将宣下《たいしょうせんげ》」がなされたことをふまえるなら（『大外記中原師廉記』各日条ほか）、これら両職（権大納言兼右近衛大将《ごんだいなごんけんうこのえのたいしょう》）の任官と歩調を合わせつつ準備、予定されていたとみるのが自然であろう。[11]

つまり、この年十月の信長上洛は、権大納言兼右近衛大将任官と「領知拝領の御朱印」状を発給することに目的があったと考えられる。そして、そのいずれもが「禁中守護」につながるものであったという点には注目しなければならないであろう。「禁中」（禁裏、内裏、天皇）をささえる公家社会の安定を「新地」を給付することによってはかるとともに、文字どおり「禁中」の警固、親衛にあたる近衛府の長たる大将に信長は任じられたからである。

武家大将といえば、さかのぼること天文十五年（一五四六）十二月に足利義昭の父義晴《よしはる》が右大将《うだいしょう》（右近衛大将）に任じられて以来（『公卿補任』[12]）、およそ三十年ぶりの登用となる。また、信長のような侍が権大納言と右大将に任じられたと聞けば、義晴の名とともに、源頼朝《みなもとのよりとも》の名も思いおこされたにちがいない。

しかしながら、信長自身がそのようなことまで意識していたのかどうかについてはさだかでない。[13]たとえば、かつてであれば、大将任官とは切っても切れないとされる拝賀《はいが》や直衣始《のうしはじめ》などの儀式[14]を信長がおこなった形跡はみられない。そればかりか、「御拝賀の御礼、御名代として三条大納言殿（実枝）をもって仰せ上げられ」と『信長公記』が記しているように、「大将宣下上卿《しょうけい》」（『公卿補任』）であった三《さん》条西実枝《じょうにしさねき》が「御名代として」「御拝賀の御礼」をしたと伝えられているからである。[15]

そもそも信長は、生涯にわたって一度として正式な参内をしたことがないとされている。[16]したがって、将軍義昭との関係とくらべるなら、信長にとって「禁中」、とりわけ天皇その人との関係は、どちらかといえば生身の人間同士のそれというより仮想的なものであったと考えるほうが適切なのかもしれない。

天正4年（1576）信長在京表

年	月日	事跡	宿所	典拠
天正4年（1576）	2月24日、信長、安土城登城			
	4月29日	入京	妙覚寺	兼見・言継・言経・宣教・御湯
	5月1日	5月上旬、二条殿御屋敷普請開始		兼見・言継・宣教
	5月2日			
	5月3日			
	5月4日			
	5月5日	出京		兼見・言継・言経・多聞
	信長、摂津・大坂にて合戦			
	6月6日	入京	妙覚寺	兼見・言継・言経・御湯
	6月7日			
	6月8日	出京		兼見・御湯
	信長、安土に滞在			
	7月、二条殿御屋敷に多聞城の主殿が移築される			
	9月～10月、義昭御所の解体がすすむ			
	11月4日	入京	妙覚寺	兼見・孝親・多聞・（信長）
	11月5日			
	11月6日			
	11月7日			
	11月8日			
	11月9日			
	11月10日			

二条殿を移し報恩寺を普請

もっとも、そのいっぽうで、天正三年（一五七五）より天正六年（一五七八）四月九日まで信長が右大将の職にとどまっていたという事実には注目しなければならない（『公卿補任』ほか）。任官以降、公家たちから「大将殿」（『大外記中原師廉記』ほか）「右大将殿」（『言経卿記』ほか）とよばれつづけていくなかで、その意識にも多少の変化がみられるようになったと考えられるからである。

そのことを示すかのように、天正四年（一五七六）になって信長は、岐阜よりはるかに京都に近い安土《あづち》（滋賀県

11月11日		妙覚寺	
11月12日			
11月13日			
11月14日			
11月15日			
11月16日			
11月17日			
11月18日			
11月19日			
11月20日			
11月21日	信長、内大臣任官		兼見・孝親・言経・公卿
11月22日			
11月23日	出京		兼見・宣教・言継・孝親
信長、安土に滞在			

近江八幡市）へその居を移すとともに、それと並行するかたちで、京都にもみずからの屋敷を構える動きに出る。

　そのことが史料のうえでもわかるようになるのは、天正四年三月末からだが、たとえば、『言経卿記』三月二十八日条には、「右大将殿より申し付けられ」「報恩寺《ほうおんじ》普請」がおこなわれて、そこへ「二条殿近々御移徙《いし》」するとの記事がみられる。

　上京焼き討ちでも焼けなかった浄土宗《じょうどしゅう》寺院の「報恩寺[17]」に普請がほどこされ、そこへ公家の「二条殿」が移されたうえで、「二条殿」の屋敷が「右大将殿」信長の屋敷になるとの動きがみられたことが知られよう〔22頁・図1〕。

　先にもふれたように、『信長公記』では、「二条殿御屋敷、さいわい空間地《あきち》にてこれあり、泉水・大庭眺望面白く思しめされ」と記されているが、けっしてそこが「空間地」などでなかったことは、『言経卿記』の記事からもあきらかといえる。[18] かつての「徳大寺殿御屋敷」と同様、今回もまた、替え地をあたえ、屋敷主を移動させたうえでの接収だったと考えられよう。

なお、玉突きで移動させられることになった「報恩寺」には、「相国寺のうち」「鹿苑院」が替え地としてあたえられたことが確認できる（『言継卿記』同年七月二十一日条）。その「鹿苑院」にも、さらに替え地があたえられたのかどうかについてはさだかでない。

ただ、秀吉の時代、天正十三年（一五八五）三月に「報恩寺」がさらに移転するにあたって、「百々《どど》河の西」に屋敷地があたえられるいっぽう（『報恩寺文書』）、「報恩寺」があった場所、すなわちかつて「鹿苑院」があった土地が相国寺に「還附」されていることからすれば（『相国寺文書』）、信長の時代、鹿苑院が不遇な日々をすごしていた可能性は高いであろう。[19]

信長が接収した二条殿御屋敷

それでは、信長が接収した「二条殿御屋敷」とはどこにあったのであろうか。たとえば、『上杉本洛中洛外図屏風』をみてみると、「烏丸とをり」（烏丸通）と三条坊門小路（御池通）が交差したところの北西に「二条殿」と墨書された屋敷が描かれている。これが「二条殿御屋敷」である〔43頁・図2〕。

もっとも、ここは、押小路《おしこうじ》烏《からす》丸殿《までの》[20]ともよばれていたことからわかるように、二条通とは接してい

「二条殿」

ない。それがなぜ「二条殿」とよばれたのかといえば、それは『太平記《たいへいき》』に「押小路烏丸に二条中納言良基《よしもと》卿の宿所」とみえるように、二条家が「宿所」としたことに由来する。

天正四年当時の「二条殿」といえば、関白二条晴良（『公卿補任』）だが、その晴良が「報恩寺」へ「御移徙」したのは、四月十日であったことがわかる（『言経卿記』同日条ほか）。そして、二条家が去った「二条殿御屋敷」に普請や作事の手が入りはじめたのは、『言経卿記』五月二日条に「二条殿御跡、大将殿屋敷になるを見物」とみえることから、五月上旬ごろと考えられよう。

その後、七月には、「二条殿御屋敷、多聞の城の主《しゅ》殿《でん》引き寄せらる、右大将今日より少々柱立て」（『言継卿記』七月十九日条）とみえ、松永久秀《まつながひさひで》らの居城として知られる大和の多聞城《たもんじょう》（多聞山城。奈良市）の「主殿」

が移築されたことがわかる。

ちなみに、この「主殿」については、天正二年に「相国寺を城に構え」ようとしたさいにも「主殿などは相国に引かるべきの沙汰」（『聚光院文書』）が伝えられており、信長がこだわりをもっていたことが知られる。

この「主殿」以外にも、『言継卿記』八月九日条などからは「寝殿《しんでん》」や「御成《おなり》の間」もつくられたことが読みとれるが、ここからは、「二条殿御屋敷」をみずからの宿所とするため信長が本腰を入れて普請をすすめていたことがうかがえよう。

義昭御所の解体と信長の思惑

九月に入るころには、多聞城から移築された「主殿」は完成をみていたようで、それを目の当たりにした言継は、「二条の主殿、目をおどろかすものなり」とその日記『言継卿記』九月十三日条に記している。

じつは、このことと合わせて注目されるのは、このすぐあとに「長州《ちょうしゅう》」（村井《むらい》貞勝《さだかつ》）が「公方西の御楯江州《ごうしゅう》へ引かる」との記事がみえる点であろう。「公方西の御楯」とは、義昭御所の西側にあった櫓門[21]を意味するが、それが「江州」（おそらくは安土城）へと移築されたことがあきらかとなるから

「ちやうめうじ」（頂妙寺）

である。ここからは、主が不在であった義昭御所に門が残されていたことが知られる。

『兼見卿記』によれば、さかのぼること元亀四年（一五七三）七月に義昭が槇嶋に移った直後、「御城のうち乱妨、即時破却」（七月十二日条）とも、「御城御殿など、洛中洛外取り次第」（七月十三日条）とも記されており、すぐに破壊され、荒れ放題になったかのようにみえる。しかしながら、実際は「西の御楯」だけではなく、「昨日、南の御門、今日、東の御門これを崩し、江州安土へ引く」（『言継卿記』九月二十四日条）とあるように、南と東の「御門」も残されていた。

このように、門が残されていた以上、石垣や堀も残されており、「石垣の石、諸人取りおわんぬ」（『言経卿記』九月十四日条）、「石垣の石ども方々へ雑人《ぞうにん》これを取る」（『言継卿記』九月十八日条）といった記事がみえる。[22] 門は信長が安土へ移築させたのに対し、石垣のほうは、「諸人」や「雑人」とよばれる不特定多数の人びとによってもち去ることがゆるされたと考えられよう。

ちなみに、かつて藤戸石がおかれた「武家御旧跡御庭」（『言継卿記』九月十八日条）も残されていたらしく、その周辺であろうか、言継は「武家御城のうち桃木稙生廿本ばかりこれを掘らしめ、この方の土居に栽え」たとその日記『言継卿記』九月二十四日条に記している。

門が移築され、石垣の石もとられ、そして庭木までが掘りおこされて、義昭御所は天正四年九月ころより急速に解体がすすんだことが知られる。そして、ついには「公方の御城の二の堀、上京衆に申し付け、これを埋め」（『言継卿記』十月二十五日条）、堀もそのすがたを消していくことになった。

このように、天正四年のなかばころ、洛中では「二条殿御屋敷」の普請・作事がすすめられていくいっぽうで、あたかもコントラストをなすかのように義昭御所の解体がすすんでいったことがあきらかとなる。これらをまったくの偶然とみるにはあまりにも不自然といわざるをえないが、それを説明できる史料が残されているわけでもない。したがって、その事情をあきらかにすることは簡単でないものの、少なくとも信長が、この段階で義昭を御所へふたたび迎え入れることも、また、その「若君」を入れることも考えていなかったことだけははっきりとしているだろう。

とすれば、信長みずからが「武家」（将軍家）たらんとしたのかといえば、この点についても何ともいえない。もしそのように考えていたのなら、義昭御所の門も石垣も「二条殿御屋敷」に転用してよさそうなのだが、そのようにはしていないからである。

むしろ信長は、洛中に義昭御所のような城をみずからのために構えることにためらいをもっていたようにみえる。一条通以北に位置する「相国寺を城に構え」ることならいざしらず、一条通以南の洛中に「武家」でもない身が城を構えることは、将軍義昭と同じ時間をすごし、そして、「武家御用」「禁中守護」（「禁中御修理」）「天下いよいよ静謐」を律儀に守ろうとしてきた信長にとって越えることのできない一線であったのかもしれない。

進められた上京の復興

信長が「二条殿御屋敷」に移徙するのは、翌天正五年（一五七七）のことになるが、そのまえに、信長によって焼き討ちされた上京の復興についてもみておくことにしよう。あらためて史料をながめてみると、上京焼き討ちは、『兼見卿記』元亀四年（一五七三）四月四日条の記事などから、四日の「丑《うし》の刻」（午前二時ころ）に「西陣より放火」がはじまり、「二条より上京」は家「一間も残らず焼失」したことが知られる。

この記事だけだと、あたかも上京が全焼したかのようにみえてしまうが、実際は、先にもふれたように、義昭御所に対して圧力をかけることを目的としていたため、火の手は「武衛陣の御城の隍際まで」でとどまり、「内裏・相国寺南塔頭・仏陀寺・法恩《（報）》寺・廬山寺・浄福寺・木屋の薬師堂・一条観音堂」

などには火の手はまわらなかったと考えられる（『年代記抄節』四月四日条）。

それに対して、「西陣」との距離が近かった「誓願寺・百万遍」「講《(革)》堂」などは被災しており（『東寺執行日記』四月三日条）、これらを考え合わせてみるなら、上京のうちでも被害が大きかったのは、その西側、すなわち「西陣」から小川沿いにかけてであったとみられよう〔22頁・図1〕。

それでは、上京の復興はどのようにすすんでいったのであろうか。ここでは、被災した施設のひとつである日蓮宗（法華宗）寺院頂妙寺《ちょうみょうじ》の再興をとおして、そのようすをみてみることにしよう。当時の頂妙寺住持は日珖《にちこう》という僧侶であり、日珖には『己行記《こぎょうき》』[23]という日記が残されている。その『己行記』元亀四年条をみてみると、「四月三日、上京炎上、ただし頂妙寺は四日に焼けるなり」とあり、頂妙寺が四月四日に焼失したことがあきらかとなる〔22頁・図1〕。

頂妙寺の再興がはじめられたのは、およそ一年後の天正二年（一五七四）三月に入ってからである。『己行記』に「三月、頂妙寺再興のため上洛す」とみえ、日珖が「上洛」し、「頂妙寺再興」にとりかかったことが知られるからである。じつは、日珖は頂妙寺の住持であると同時に、堺の妙国寺《みょうこくじ》の住持でもあった[24]。右にみえる「上洛」とは、その妙国寺からの入京を意味する。

『己行記』によれば、同じ天正二年に「嵯峨の正持庵《しょうじあん》の方丈を買う、仮堂に立つ」「弘源院《こうげんいん》の寮買得し、大坊の居間に立つ」といった記事がみえ、「正持庵」や「弘源院」など他寺院の「方丈」や「寮」

を買い取って、「仮堂」や「大坊の居間」にあてたことが知られる。

そのほか、「堺にて材木ども用意し、船用意し当津より大坂へ乗りまわす、鳥羽《とば》より車にて京着」という記事もみえ、堺で「材木」を調達し、それを「船」で「当津」（堺）より「大坂」、そして「鳥羽」からは「車」（車借《しゃしゃく》か）でもって京都へ運ばせたことがあきらかとなる。

日珖の実家は、堺の豪商として知られた油屋伊達《あぶらやだて》であり、その支援もあったのであろうか、財力を背景に頂妙寺再興がすすめられていたことがうかがえる。そして、翌天正三年（一五七五）になると、「頂妙寺において談義」との記事もみえ、一定の宗教活動がおこなえるほどに寺観がととのいはじめていたことも知られよう。

ところで、この天正三年の再興のなかで注目されるのは、「八月末九月始め」に「学問所建立」され、「築地ツキ（築）」がおこなわれたさい、それを分担した人びとについて、「学問所東は立売衆なり」「西は新在家衆なり」「北は西陣衆、大坊東は船橋衆、成就坊跡・玉昌院・大行坊のまえは下京衆なり」「大坊裏門両方は一条二条のあいだ衆なり」と『己行記』が記している点である。

ここにみえる地名のうち、「立売」「新在家」「西陣」「船橋」のいずれもが上京に所在する町名や地名であり、ここから「築地ツキ（築）」にそれらに居住する人びとが参加したことがあきらかとなるからである。

とりわけ、上京焼き討ちでもっとも被害をうけたと考えられる「西陣」の町人たちが参加している点は重要であろう。焼き討ちからわずか四年のうちに町人たちがある程度、「西陣」に還住《げんじゅう》していたことがうかがえるからである。

思いのほか早く復興をとげた「西陣」

それでは、「西陣」の復興状況とはどのようなものだったのだろうか。この点についても、さいわいなことに手がかりとなる史料が残されている。その史料とは、天正四年（一五七五）十月に京都の日蓮宗寺院の結合組織である会合が、「洛中勧進《かんじん》」とよばれる募財活動をおこなったさいに作成した『諸寺勧進帳《しょじかんじんちょう》』（『京都十六本山会合《かいごう》用書類』）という帳簿である。(25)

「洛中勧進」の目的は、表紙に「諸寺勧進の内　遣《つか》わし方《かた》」と書かれた帳簿（『京都十六本山会合用書類』）の記載から、信長やその家臣に対して音信《いんしん》・礼銭《れいせん》・礼物《れいもつ》などを贈るための資金集めにあったことが知られる。

また、その資金を上京・下京に居住する日蓮宗檀徒《だんと》からの寄附によってまかなおうとしたところにも特徴がみられるが、それら寄附が檀徒の住む町単位でまとめられた点でも注目されよう。なぜなら、『諸寺勧進帳』に残された記事からは、天正四年段階で個々の檀徒がどの町に居住し、そしてどの寺

表2

天正４年付『諸寺勧進帳』にみえる町名	元亀３年付『上下京御膳方御月賄米寄帳』にみえる町名	
伊佐町	伊佐町	
西舟橋町	西舟橋町	
北猪熊町	北猪熊町	
北舟橋町	北舟橋町	
廬山寺町	ろさん寺町	
五辻町	五辻子町	
大宮観世町	観世町	
大宮薬師町	南大宮	薬師町
山名殿辻子	山名殿町	
藤木下	藤木下町	
	大北小路	薗辺町
石屋辻子	石屋図子	
舟橋辻	舟橋町	
芝薬師町	芝薬師町	
堀上町	堀上町	
けいかい院大宮町	花開院町	北
	同南町	
	阿弥陀寺町	
	安居院大宮	
	寺内町	
芝大宮町	芝大宮町	
南猪熊町	南猪熊町	
	千本町	
西北小路町	西北小路	

院のどの僧侶に帰依して、いかほどの寄附をしたのかまでつぶさに知ることができるからである。現在確認できるのは上京分の『諸寺勧進帳』だけであり、下京についてはさだかでないものの、残された上京分のなかには「西陣」に属する町々も記されており、そこから上京焼き討ち後の復興状況もうかがうことができる。

〔表2〕は、『諸寺勧進帳』に記載された「西陣」に属する町名と、第一章でもふれた元亀三年（一五七二）付けの『上下京御膳方御月賄米寄帳』（『立入家文書《たてりけもんじょ》』）にみえる「西陣」＝「川ヨリ西組」に属する町名をならべたものである。

これをみてみると、元亀四年の上京焼き討ちをはさんで、その前後の町名にあまり違いがみられないことがわかる。それはつまり、焼き討ちによって焼け野原になった「西陣」へ人びとが四年もたたないうちに還住し、家をたて、町を復興していったことを意味しよう。そのことを裏づけるように、〔表2〕の冒頭にみえる伊佐町では、四十六人もの檀徒が名をつらね、しかも彼らの寄附は総額で五十一貫文にもおよんだことが、『諸寺勧進帳』から読みとれるからである。

このように、「西陣」は思いのほか早く復興をとげたと考えられる。おそらくそれゆえ、頂妙寺の「学問所」の「築地ツキ（築）」に「西陣衆」が加わり、「洛中勧進」にも相当な額の寄附をよせることができたのであろう。

あたらしい市街地・新在家絹屋町

ところで、上京焼き討ち直後の元亀四年（一五七三）七月に信長が、「上京」に対して「条々」（『上京文書』）を出し、「前々のごとく還住」するようよびかけるとともに、「陣執《じんと》り」「地子銭《じしせん》」の「免除」や、「非分課役《ひぶんかやく》」を「申し懸」けず、「各宅」の「造畢《ぞうひつ》」まで「人足免許《にんそくめんきょ》」するなど、さまざまな特権を示したことが知られている。

また、翌天正二年（一五七四）正月にも、同じく「上京中」に対して朱印状（『上京文書』）を出し、「寄宿」の免除を伝え、「家宅」を「油断なく再興」するよう命じたことが確認できる。信長としても、上京復興に配慮していたことが知られるが、「西陣」の復興が思いのほか早かったのは、このような特権や配慮も影響したのであろう。

ちなみに、『信長公記』には、「今度上京御放火について、町人迷惑つかまつるべきとおぼしめされ、地子銭・諸役儀などさしおかせられ、かたじけなきのよし申しそうらいて、即時に町々家屋もとのごとく出来《しゅったい》しおわんぬ」と記されている。

たしかに、さまざまな特権や配慮が人びとの還住をうながしたことは否定できない。しかしながら、第一章でみたように、上京焼き討ちのさいの惨状を思いおこしたとき、あるいはまた、頂妙寺の再興などをふまえたとき、上京の復興はやはり民間主導でおこなわれたとみるのが妥当であろう。

なお、信長は上京焼き討ち後、元亀四年七月に上京のほかに「新在家絹屋町《しんざいけきぬやちょう》」にも「条々」（『上下京町々古書明細記』）を出し、内裏の南側にあたらしく市街地をつくらせたことでも知られている。(26)

その「条々」によれば、「新在家絹屋町」の範囲は、「内裡(裏)惣堀より南へ二町、近衛をかぎる、東は高倉をかぎる、西は烏丸をかぎる、二町たるべし」とあり、内裏の南側に四町規模の広さをもつものだったことがわかる〔22頁・図1〕。

また、「条々」には「惣構は下京に准ずべきこと」と記されており、戦国時代の上京や下京を取り囲んでいた土塀・木戸門・土塁などからなる「惣構」と同じものがもうけられる計画であったことも知られる。

じつは、第一章でもふれた『老人雑話』は、この「新在家絹屋町」に居住した江《え》村《むら》専斎《せんさい》という人物の聞き取りをまとめたものだが、そこにも「新在家は他所にかわり、四方にかきあげの堀ありて、土居を築き、木戸ありて構の内なり」とみえる。規模こそ異なるものの、上京・下京とならんで惣構をもつ惣町の建設が計画されたと考えられよう。

それではなぜ、「新在家絹屋町」は、内裏の南側に計画されたのであろうか。この点については、「信長が新在家絹屋町の開発を行わせた意図は明らかではない[27]」とも、「都市空間の再開発としての意味合いが強かった[28]」ともみられている。

『上杉本洛中洛外図屏風』をながめてみると、戦国時代の内裏の南側には屋敷や町屋のすがたがみられず、農地が広がっている。これがもし事実をあらわしているとするなら、「禁中守護」のためにも無防備な状態を改善しなければならないと信長が考えても不思議ではないであろう。また、「新在家絹屋町」の南側と、元亀四年段階ではいまだ解体されていなかった義昭御所の北側とは接しており、内裏と義昭御所との空間を市街地によってつなごうとしたのかもしれない。

いずれにしても、信長の意図はさだかでないが、このようにして計画された「新在家絹屋町」のようすについては、『諸寺勧進帳』からもうかがうことができる。『諸寺勧進帳』をみてみると、天正四年段階で「新在家絹屋町」には、「新在家中町」「新在家北町東」「同北町の西」「南町」の町々があったことがあきらかとなるからである。(29)

また、「新在家中町」には日蓮宗檀徒が二十四人、「新在家北町東」にも二十人いたことが確認できる。そればかりか、「新在家中町」に居住する檀徒のなかには、江村専斎の「父既在《きざい》」（『老人雑話』）の名も見いだすことができる。

『老人雑話』によれば、「今の新在家のものに法華宗の旦那多し」とみえ、専斎が生きていた江戸時代前期、承応《じょうおう》二年（一六五三）ころの「新在家」にも日蓮宗檀徒が多かったとされている。おそらくそれは、元亀四年から天正四年にかけて「新在家絹屋町」に移住した人びとの多くが日蓮宗信者だったことに由来するのであろう。

そして、そのような人びとのうち、頂妙寺の檀徒を中心にして、天正三年（一五七五）に頂妙寺「学問所」の「築地ツキ（築）」に参加した人びとこそ、『己行記』に「新在家衆」と記された面々にほかならなかったと考えられるのである。

故地を訪ねて５　相国寺

天正二年（一五八四）三月以降、信長がしばらくのあいだ寄宿することになる相国寺は、現在も同じ場所に位置する。京都御苑の北側、同志社大学の建物群の向こうにみえるのが相国寺である。かつては同志社大学の敷地のほとんどが相国寺の寺域であり、室町時代のそれとくらべれば、かなり狭くなっている。とはいえ、相国寺は、今でも洛中周辺では屈指の広さをほこる大寺院といってよいだろう。

ただし、信長が寄宿したころの相国寺については、かならずしも研究がすすんでいるとはいいがたい(30)。それは、応仁・文明の乱以降、たびかさなる焼失と復興をくり返してきた複雑な歴史にも由来する。実際、信長が寄宿するおよそ三十年ほどまえの天文二十年（一五五一）七月にも、義昭の兄である足利義輝方の細川「晴元《はるもと》の衆」と敵対する三好長慶《みよしながよし》方の「松長（永）兄弟」（松永久秀・長頼《ながより》）らが「終日終夜、あい戦」い、そのため相国寺の「諸塔頭・伽藍ことごとく一寺滅亡」（『厳助往年記』七月十四日条）したと伝えられているからである。

「一寺滅亡」した相国寺の復興が、その後どのようにすすんだのかについてもさだかでない。

たとえば、『上杉本洛中洛外図屛風』に描かれた「相国寺」にはりっぱな伽藍がたちならんでいるが、『鹿苑日録』に記された永禄五年（一五六二）ころと思われる書状案には、「当寺法界門跡《ほうかいもんあと》ならびに道などの儀、公界《くがい》の農人ら有名無実に進退せしめ」とみえ、「農人」（農民）らが寺内の「門跡」や「道など」で耕作している[31]ようすが伝えられている。

これをふまえるなら、諸塔頭はともかくとして、伽藍の復興は容易に手がつけられるような状態でなかったのであろう。『上杉本洛中洛外図屛風』にみえる相国寺は、あるべきすがたで描かれているのかもしれない。

このような状態であったから、信長が相国寺のどのあたりに寄宿していたのかについてもさだかでない。そこで、ここでは、同じ時期に京都に滞在し、信長が相国寺へ入っていくようすを目の当たりにした人物の目をかりて、往時を思いうかべてみることにしよう。

その人物とは、薩摩国串木野《さつまのくにくしきの》の領主であった島津家久《しまづいえひさ》である。天正三年二月、家久は伊勢参宮などを目的におよそ五ヶ月にわたる旅に出る。そのときの旅日記が、『中務《なかつかさの》大輔《たいふ》家久《いえひさ》公《こう》御《ご》上《じょう》京日記《きょうにっき》』[32]として残されている。

日記をひもといてみると、家久は、旅の途中、京都に比較的長く滞在したことがわかる。そして、天正三年卯月（四月）二十一日に「おさか《大坂》の陣をひかせられ」た「織田の上総殿」のすがたを目の当たりにすることになる。

そのときのようすを『中務大輔家久公御上京日記』は、「下京より上京のごとく馬廻りの衆打ち列ね、相国寺の宿へ着かせられそうろう」と記している。軍勢を率いての入京だったことが知られるが、具体的には、「馬廻りの衆百騎ばかり」とか、「十七ヶ国の人数にてこれあるあいだ、何万騎ともはかりがたきよし」とあるように、大軍とともに信長が相国寺へ入っていったようすを家久は目にしたことになる。

このときの軍勢の人数が実際にどれほどだったのかについては残念ながらさだかでない。ただ、同じ月の三日に出京したときの人数は、「二万ばかり」（『大外記中原師廉記』同日条）とも、「一万ばかり」（『宣教卿記』同日条）、「一万あまり」（『兼見卿記』同日条）ともみえるから、これらに近い人数だったのかもしれない。

故地を訪ねて 6　円福寺の前

ところで、家久は、信長のすがたをどこで目にしたのであろうか。「下京より上京のごとく」と記されているから、軍勢が下京を通って上京へとすすんでいたことがわかる。戦国時代、下京と上京をつなぐ道といえば、室町通の一本しかなかった。(33) 実際、このときの道も室町通であったことは、『兼見卿記』同日条に「室町通」と記されていることからあきらかとなる。

吉田兼見がこのとき「室町通」に出向いたのは、信長に「礼を申」すためであったが、それは兼見だけではなく、「堂上・堂下」といった公家・門跡衆も同様であった（『大外記中原師廉記』『宣教卿記』同日条）。しかも、彼らが出向いたのは、「円福《えんぷく》の町」（『宣教卿記』）、「円福寺の前」（『大外記中原師廉記』）とあるように、円福寺あたりだったことがあきらかとなる〔43頁・図2〕。

『上杉本洛中洛外図屏風』をみてみると、「室町とをり」（室町通）と墨書された道と三条坊門小路（御池通）が交差したところの東南角に西に向いて門を開いた「ゑんふく寺」と書かれた寺院が描かれている。これが円福寺である。現在、同地には寺院のすがたはみられないものの、(34) 円福寺町という町名が残されており、このあたりに円福寺があったことが知られる。

こころみに故地を訪れて、そこから室町通沿いに北側をのぞんでみると、往時は左手に妙覚寺、そして右手に「二条殿」のすがたがみえたであろうことに気がつく。じつは、同月三日に信長が

「ゑんふく寺」（円福寺）

円福寺のあった室町御池（三条坊門）東南角

相国寺から軍勢を率いて出京したさいにも、「堂上方」は「円福寺の前」（『大外記中原師廉記』同日条）、「円福寺門外」（『宣教卿記』同日条）でその行列を「見物」したことが確認できる。ちなみに、兼見は、「蛸薬師《たこやくし》のあたり」で「礼を申」したと、その日記『兼見卿記』同日条に記している。

「たこやくし」（蛸薬師）

この「蛸薬師」も、『上杉本洛中洛外図屏風』によれば、「二条殿」の北側、室町通沿いに所在した[35]ことがわかる。

　いずれも下京の北端あたりとなろうが、このように、公家たちがこぞって円福寺周辺で信長の軍勢を見物し、信長に「礼を申」したのは単なる偶然ではないであろう。事前に何らかの連絡がもたらされていたか、あるいは、公家たちが示し合わせた結果だったのではないかと考えられるからである。

　そして、そのようにしてみたとき、家久に同道していたのが、公家たちともなじみ深い連歌師《れんがし》「心前《しんぜん》」であったことはみのがせない。家久もまた、「心前」にみちびかれて、公家たちと同じところで信長のすがたを目の当たりにした可能性が考えられるからである。

なお、家久が目にした信長は、「支度皮衣《かわごろも》」で「眠りそうらいて通られ」たという。馬上で信長は居眠りしていたというわけだが、しかしながら、『孝親公記』四月二十一日条には「信長下馬し、おのおのに対し礼をいたす」と記されている。このようなことから推せば、家久は、公家たちとは若干離れた場所で信長のすがたを目にしたのかもしれない。

Ⅱ　京都と安土の往復（天正五年～天正九年）

信長が二条殿御屋敷へ移る

天正四年（一五七六）五月上旬から普請のはじまった「二条殿御屋敷」に信長が移徙したのは、およそ一年あまりたった天正五年（一五七七）閏七月十二日のことである。『孝親公記』同日条に「今日、内府《ないふ》新亭に移徙」と記されているからである。前年十一月二十一日に信長は内大臣《ないだいじん》に任じられており（『公卿補任』）、そのため、「内府」とよばれるようになっていたが、右大将はそのまま兼任していた（『公卿補任』）。

「信長在京表」をみてみると、この日を境にしばらくのあいだ信長は、上洛したさいには「二条殿御屋敷」に入るようになったことがわかる。永禄十一年（一五六八）の上洛からかぞえれば、およそ十年の年月をへて、ようやく信長は寄宿先ではない、みずからの宿所を構えたことになろう。

この宿所を『信長公記』は一貫して「二《に》条《じょう》御《ご》新造《しんぞう》」とよんでいる。しかしながら、同時代史料では、「新亭」（『孝親公記』天正五年閏七月十二日条）、「内府信長の御屋敷」（『兼見卿記』天正五年八月十二日条）、「右府《うふ》御屋敷」（『兼見卿記』天正六年十月五日条）、「上様御屋敷」（『宗及他会記』天正六年十月八日条）、「二

天正5年（1577）信長在京表

年	月日	事跡	宿所	典拠
天正5年（1577）	信長、岐阜・安土に滞在			
	正月14日	入京	妙覚寺	兼見・多聞・（信長）
	正月15日			
	正月16日			
	正月17日			
	正月18日			
	正月19日			
	正月20日			
	正月21日			
	正月22日			
	正月23日			
	正月24日			
	正月25日	出京		兼見・御湯・（信長）
	信長、安土に滞在			
	2月8日	入京	妙覚寺	兼見・（信長）
	2月9日			
	2月10日			
	2月11日			
	2月12日			
	2月13日	出京		兼見・多聞
	信長、紀伊・雑賀にて合戦			
	3月25日	入京	妙覚寺	御湯・（信長）

条屋敷」（『言経卿記』天正七年二月十八日条）、「二条殿の御新造」（『多聞院日記』天正七年十一月二十日条）などと記されており、かならずしも一定したよびかたはなかったように思われる。

　そこで、本書では、便宜上、ここまでつかってきた「二条殿御屋敷」でとおしていきたいと思うが、同時代史料のいずれもが、「屋敷」と記していることからもわかるように、この宿所は、義昭御所のような城ではなかったところに特徴がみられる。洛中に城を構えることに、やはり信長はためらいをもっていたのかもしれない。

　もっとも、『兼見卿記』天正五年八

天正5年（1577）			
3月26日			
3月27日	出京？		（信長）
信長、安土に滞在			
閏7月6日	入京	未詳（妙覚寺？）	兼見・孝親・多聞
閏7月7日			
閏7月8日			
閏7月9日			
閏7月10日			
閏7月11日			
閏7月12日	信長、二条殿御屋敷へ移徙	二条殿御屋敷	孝親
閏7月13日	出京		兼見・孝親
信長、安土に滞在			
8月～10月、松永久秀謀叛、織田信忠が信貴山城を攻略			
11月14日	入京	二条殿御屋敷	兼見・（信長）
11月15日			
11月16日			
11月17日			
11月18日			
11月19日			
11月20日			
11月21日	信長、右大臣転任		兼見・公卿
11月22日			
11月23日			
11月24日			

月十二日条には、「内府信長の御屋敷北方堀」という記事がみえ、「北方」の押小路通には「堀」が掘られていたと考えられる。また、この「北方」よりさらに北側には蛸薬師が所在していたから、「二条殿御屋敷」の敷地は、おおよそ一町規模だったこともあきらかとなろう〔43頁・図2〕。

『老人雑話』によれば、「二条殿御屋敷」は、「烏丸通に東の壁をかけ、室町の東側の町家はありて、町家の後《うしろ》に長壁《ちょうへき》をかけたり、門は南面」であったと伝えられている。このうち、「室町の東側の町家」については、すでに天文十九年（一五五〇）の段階で「二条室町・押小路三条坊門の喧嘩」(『言継卿記』閏五月二日条)という記事がみえ、室町通沿いに「二条室町」(蛸薬師町)と「押小路三条坊門」(御池之町)というふたつの町が成立していたことが知られる。

天正5年(1577)			
11月25日		二条殿御屋敷	
11月26日		二条殿御屋敷	
11月27日		二条殿御屋敷	
11月28日		二条殿御屋敷	
11月29日		二条殿御屋敷	
12月1日		二条殿御屋敷	
12月2日		二条殿御屋敷	
12月3日	出京?	二条殿御屋敷	(信長)
信長、安土に滞在			

また、『上杉本洛中洛外図屏風』をみても、「二条殿」の西側には町屋が描かれており、『老人雑話』が伝えているように、「二条殿御屋敷」の西側、室町通沿いは町屋のうしろに「長壁」がつづくといった景観がみられたのであろう。

大雲院御池寺屋敷地割絵図にみる「二条殿御屋敷」跡地

ところで、「二条殿御屋敷」の跡地は、本能寺の変後に浄土宗僧貞安《ていあん》にくだされ、大雲院《だいうんいん》が建立されたと考えられている。(36) そして、その大雲院には、秀吉の時代、天正十五年(一五八七)六月二日の年紀と玄以《げんい》(前田玄以)の裏花押が書かれた「大雲院御池寺屋敷地割絵図(37)」(『龍池山 大雲院』)という図面も残されている。

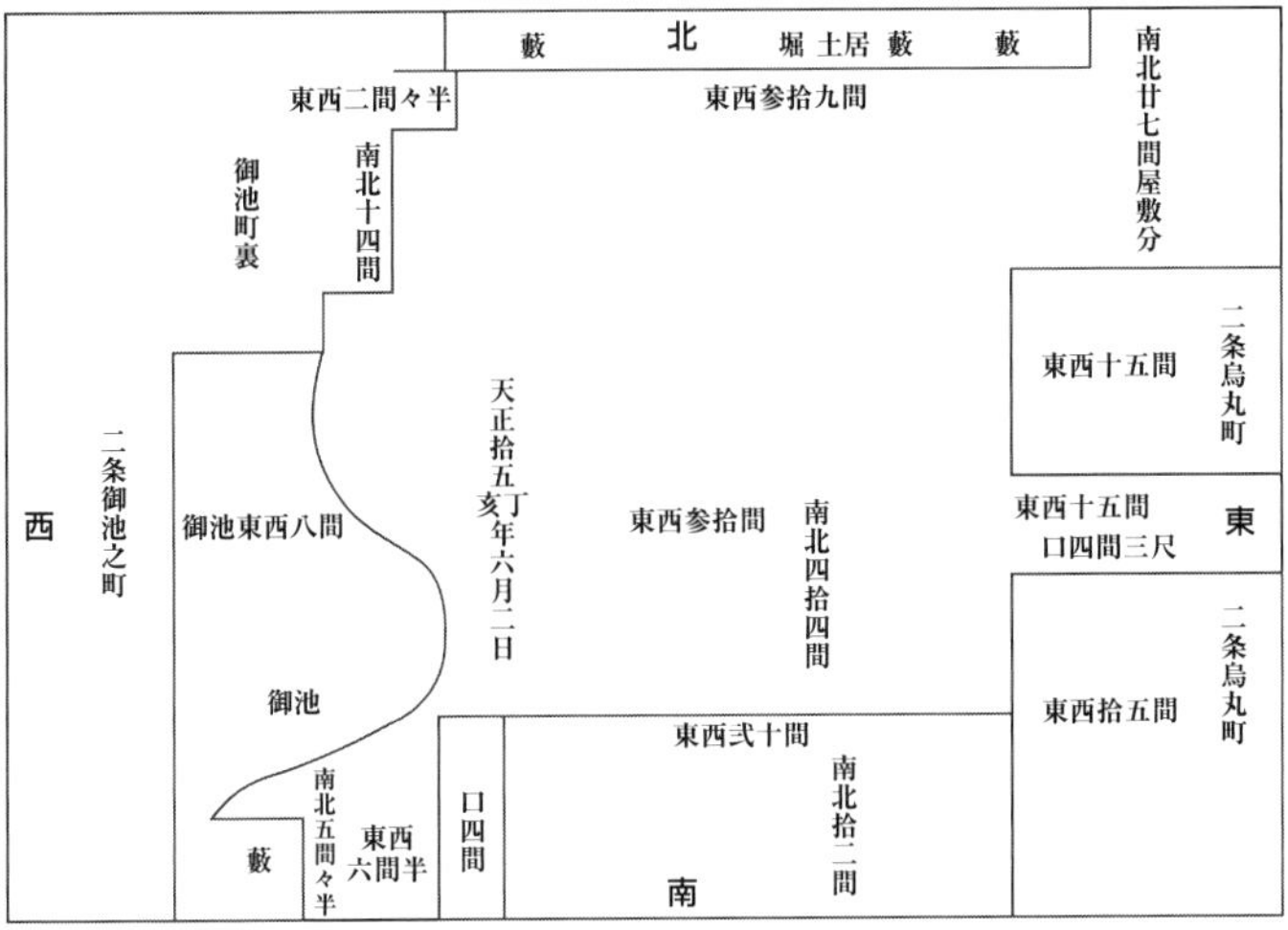

図3　大雲院御池寺屋敷地割絵図

〔135頁・図3〕は、それをトレースしたものだが、これをみてみると、北側に「藪」「土居」「堀」という記載がみられ、『兼見卿記』に記される「北方堀」との関連が考えられる。また、南側に「口四間」、東側にも「口四間」という記載がみられ、これらが門をあらわしているのだとすれば、南側のほかに東側にも門があったと考えられる。もしかすると『老人雑話』にみえる「烏丸の方の門」にあたるのかもしれない。

さらに、西側には「御池町裏」「二条御池之町」という記載がみられるとともに、それらの町が敷地にもかなり食い込んだようすで描かれている。しかも、それらに接するかたちで「東西八間」におよぶ「御池」のすがたもみてとることができる[38]。

この「御池」こそ、『上杉本洛中洛外図屏風』の「二条殿」に描かれる池であり、また、室町時代にすでに

「龍池《たついけ》」（『満済准后日記《まんさいじゅごうにっき》』永享《えいきょう》五年六月十七日条）とよばれた池にあたろう。『上杉本洛中洛外図屛風』では、池から川が流れ出し、それが室町通へとつながっているようすで描かれている。これについては、『老人雑話』にも「小池より泉涌き出でて四条へ流れ、今の月鉾《つきほこ》の町より西へ流る」と記されている。江戸時代のある時期まで同じような光景がみられたのであろう。(39)

のちにふれるように、「二条殿御屋敷」は、天正七年（一五七九）に信長から誠仁《さねひと》親王へ譲られ、親王家の御所となる。したがって、「大雲院御池寺屋敷地割絵図」にみえるすがたは信長時代とは異なる可能性も考えられるが、しかしながら、思いのほか敷地がせまいなど、「二条殿御屋敷」を考えるうえでも重要な手がかりとなろう。

このように、残された史料によるかぎり、「二条殿御屋敷」は一町に満たない敷地の四方を「壁」や「長壁」で囲い、北側には堀、そして南側には（あるいは東側にも）門を構え、その敷地内に「主殿」や「御池」などを配した、やや手狭なものだったと推測される。この点、同じ室町通沿いに四町以上の敷地とそれを取り囲むように石垣や堀、あるいは櫓門をそなえ、城ともよばれた義昭御所とはくらべものにならない施設だったことになろう。しかしながら、それが、「天下において、安土についでくらべるもののがないほど美しく豪華」（『フロイス日本史』）といわれた「二条殿御屋敷」の実態にほかならなかった。

なお、あらためて考えてみるに、信長がなぜ「二条殿御屋敷」の地にみずからの宿所を構えようとしたのかという点については、その理由を説明してくれる史料に今のところたどりついていない。ただ、少なくとも屋敷の西側に室町通が通っていたということは重要だったのではないだろうか。

先にもふれたように、室町通は戦国時代の上京と下京をつなぐ唯一の道であり、それゆえ義昭御所もこの道沿いにつくられ、また、信長も軍勢をともなって京都から出陣し、帰陣するさいには、そのすがたをわざわざ人びとにみせつけるかのようにしてこの道を通っていた。

そのうえ、室町通をはさんだ西側には永禄十二年（一五六九）四月以来、ことあるごとに寄宿してきた妙覚寺が所在していた。「信長在京表」をみてもわかるように、妙覚寺は信長にとってもっともなじみ深いところであり、そのなれ親しんだ妙覚寺のすぐ東隣という立地も「二条殿御屋敷」を選ぶきっかけになったのではないだろうか。

いずれにしても、現在のところは、確たる理由をみつけられていないが、ただ、信長が移徙して以降もなお普請はつづいたようである。そして、『兼見卿記』九月二十九日条に「御屋敷普請ことごとく出来」とみえることをふまえるなら、この年の九月末に完成したと考えられよう。(40)

右大臣・右大将辞職の衝撃

このようにして、「二条殿御屋敷」にまがりなりにも信長の宿所がさだまったことは、公家社会にとっ

天正6年（1578）信長在京表

年	月日	事跡	宿所	典拠
天正6年（1578）		信長、安土・岐阜に滞在		
	3月23日	入京	二条殿御屋敷	兼見・（信長）
	3月24日			
	3月25日			
	3月26日			
	3月27日			
	3月28日			
	3月29日			
	3月30日			
	4月1日			
	4月2日			
	4月3日			
	4月4日			
	4月5日			
	4月6日			
	4月7日			
	4月8日	信忠、入京		兼見
	4月9日	信長、右大臣・右大将を辞職		兼見・総見寺文書・公卿
	4月10日			
	4月11日			
	4月12日			
	4月13日			

ても歓迎すべきことであったと推察される。「武家」（将軍家）が不在となった京都において、内裏や公家社会を経済的にも、政治的にもささえる信長が、武家大将としてさだまった場所にいることは一定の安定をもたらしたと考えられるからである。

　もとより「信長在京表」をみればわかるように、信長は常時在京していたわけではない。したがって、さまざまな朝儀にも参加することなどなかったであろう。しかしながら、三位《さんみ》以上の公卿として『公卿補任』に名がみられることからもあきらかなように、公家社会が信長をその序列のなかに位置づ

天正６年（1578）

日付	出来事	場所	典拠
4月14日		二条殿御屋敷	
4月15日			
4月16日			
4月17日			
4月18日			
4月19日			
4月20日	信忠、妙覚寺で茶会		宗及
4月21日			
4月22日	出京？		（信長）
信長、安土に滞在			
4月27日	入京？	二条殿御屋敷	（信長）
4月28日			
4月29日			
4月30日			
5月1日			
5月2日			
5月3日			
5月4日			
5月5日			
5月6日			
5月7日			
5月8日			
5月9日			
5月10日			
5月11日			

け、とり込むことに成功した意義は大きかったと考えられる。

　しかも、前年天正四年（一五七六）十一月二十一日に権大納言から内大臣に昇進した信長を、ちょうど一年後の天正五年十一月二十一日に右大将のまま右大臣《うだいじん》へと昇進させてもなお（『兼見卿記』同日条ほか）、信長がこばむようすをみせなかったことに公家たちは安堵したにちがいない。

　ところが、そのような安堵の思いを一気にしぼませてしまうできごとが、天正六年（一五七八）におこる。同年四月九日に信長が「官位御辞退」の「奏達状《そうたつじょう》」（『兼見卿記』同日条）と消

天正6年（1578）			
5月12日		二条殿御屋敷	
5月13日			
5月14日			
5月15日			
5月16日			
5月17日			
5月18日			
5月19日			
5月20日			
5月21日			
5月22日			
5月23日			
5月24日			
5月25日			
5月26日			
5月27日	出京		兼見
信長、安土に滞在			
6月10日	入京	二条殿御屋敷	兼見
6月11日			
6月12日			
6月13日			
6月14日	信長、祇園会見物		兼見
6月15日			
6月16日			
6月17日			

息（『総見《そうけん》寺文書《じもんじょ》』）を提出し、右大臣・右大将の「両職を辞」（『公卿補任』）してしまったからである。

　もっとも、「両職を辞」しても、その名は『公卿補任』の散《さん》位《い》（位だけで官職のない人）のところに「前《さきの》右大臣正《しょう》二《に》位《い》」として残された。しかしながら、当職の武家大将がふたたび不在となり、信長の昇進もとまってしまったことに衝撃をうけた公家たちも少なくなかったであろう(41)。

　このときなぜ、信長が「両職を辞」したのか、その理由についてはさまざまな説がたてられ、諸説紛々であることはよく知られている(42)。ただ、「奏達状」

天正６年（1578）

6月18日		二条殿御屋敷	
6月19日			
6月20日			
6月21日	出京		兼見
信長、安土に滞在			
9月24日	入京	二条殿御屋敷	兼見・晴豊・（信長）
9月25日			
9月26日			
9月27日	出京		兼見・晴豊
信長、摂津から堺へ行き、九鬼嘉隆の大船を見物			
10月1日	入京	二条殿御屋敷	兼見・晴豊
10月2日			
10月3日			
10月4日			
10月5日	二条殿御屋敷にて相撲		兼見・晴豊・宗及
10月6日	出京		兼見・晴豊
信長、安土に滞在			
荒木村重謀叛			
11月3日	入京？	（二条殿御屋敷）	（信長）
11月4日			
11月5日			
11月6日			
11月7日			
11月8日			

と消息に記された文面にそくしてみるなら、「顕職をもって嫡男信忠《のぶただ》に譲与せしむべき」、「信忠に与奪《よだつ》申すべくそうろう」とくり返し語られているように、後嗣の織田信忠へ「顕職」を「譲与」し、「与奪」（権限を人に譲り与えること）させるためとみるのが自然であろう。(43)

　じつは、この点に関連して注目されるのは、このとき信忠も在京していたという事実である。『兼見卿記』四月八日条をみてみると、「大坂表より三位中将殿そのほか諸勢ことごとく帰陣」とあり、また、四月二十日には信忠が「京の妙覚寺」（『宗及他会記』同日条）で茶会を催したことが確認できるからである。

　つまり、「二条殿御屋敷」には信長が、そして、その西隣の妙覚寺には信忠が滞在しているなか、「官位御辞退」の「奏達状」と消息は提出されたことになる。「顕職をもって嫡男信忠に譲与せしむ」との信長ののぞみは、かなりの現実味をもったものだったと考えられよう。

11月9日	出京？		（信長）
信長、有岡城を攻める			
12月21日	入京？	（二条殿御屋敷）	（信長）
12月22日			
12月23日			
12月24日			
12月25日	出京？		（信長）
信長、安土に滞在			

織田信忠の上洛と昇進の意図

　信忠の上洛が同時代史料に記されるようになるのは、おそらく前年の天正五年（一五七七）ころからではないかと考えられる。同年十月「十日松永在城のシギ《信貴》落城」（『兼見卿記』同日条）させ、謀叛をおこした松永久秀らを滅ぼした直後の十五日に「城介殿《織田信忠》禁中へ御礼のため、飛鳥井所まで御出」（『兼見卿記』同日条）とあるからである。「禁中」へ何らかのかたちで松永氏討伐の報告をおこなったと考えられよう。

　そして、翌十六日に信忠は「三位中将」に任じられ、十七日には「御下向」し、出京したことが『兼見卿記』の各日条からあきらかとなる。先に『兼見卿記』が信忠のことを「三位中将殿」とよんでいたのはこの事実をふまえてのことであり、したがって、父信長ののぞみとは「三位中将」より高い「顕職」の「譲与」となろう。

それでは、そののぞみはかなえられたのだろうか。『公卿補任』や同時代史料をみるかぎり、それはかなえられなかったと考えざるをえない。たとえば、信忠が亡くなる天正十年（一五八二）の『公卿補任』をみても、その名は、天正六年のときと同じように、「非参議《ひさんぎ》」「従三位《じゅさんみ》」「左中将《さちゅうじょう》」と記されているからである。

なぜそのようになってしまったのか、その理由を説明してくれる史料も残されてはいない。ただ、「両職を辞」するにあたって信長が提出した消息（『総見寺文書』）には、「朝廷の御こと、なおもって馳走いたすべくそうろう、いささか油断を存ずべからずそうろう」と書かれてあり、右大臣・右大将を辞職したのちも信長本人が「朝廷」に対して「馳走」する旨を伝えていたことが影響した可能性は高い。

前右大臣・前右大将であったとしても、内裏や公家社会に対する信長の姿勢がこれまでどおりであれば、わざわざ信忠を「三位中将」より高位の「顕職」に任じる必然性がうかびあがってこないからである。

しかも、「信長在京表」をみてもわかるように、「両職を辞」してもなお信長は、上洛したさいには「二条殿御屋敷」に入っており、それを信忠に譲ろうとする気配さえみせていない。そのことをふまえるなら、内裏や公家社会が、信忠を「顕職」に任じる動きをみせなかったとしても無理はなかったであろう。

このようにしてみると、「両職を辞」した信長の真意が奈辺にあったのか、さらにわかりにくくなってくるが、いずれにしても、右のような信長の行動が信忠の「顕職」任官をおくらせることになった可能性は高い。そして、その結果として、こののち、信忠ではなく、「両職を辞」したはずの信長に対して左大臣任官や将軍任官の話がもちあがってくることとなるのである。

二条殿御屋敷と安土城の関係

さて、京都に視点をおいたとき、「二条殿御屋敷」にみずからの宿所をさだめて以降の信長の動きは、「二条殿御屋敷」と安土城との往復を軸に各地の戦場などを転々とめぐる軌跡を描いているようにみえる。

とくに、京都から岐阜までの距離とくらべたとき、安土までのそれが格段に近くなったことは、信長にとっても、あるいは京都にとっても大きな変化であったと考えられる。具体的には、京都を「未明」に「発足」すれば、「申《さる》の刻」（午後四時ころ）には安土に到着することができたし（『兼見卿記』天正八年正月二十五日条）、逆に「未明」に安土を「発足」すれば、「未《ひつじ》の刻」（午後二時ころ）には京都に到着することが可能となったからである（『兼見卿記』同月二十七日条）。

このように、急ぎの旅なら、京都―安土間は一日もかからなかったわけだが、少しゆとりをもって「森山」（守山《もりやま》）（『孝親公記』天正四年十一月二十九日条）や「瀬田《せた》」（『孝親公記』同年十二月三日条）で宿をとっても、二日とかからない距離でむすばれていた。

思い返せば、永禄十二年（一五六九）正月、足利義昭が三好三人衆に襲撃されたとの一報をうけ岐阜を飛び出した信長は、降雪などにはばまれ、防衛戦にまにあわなかったというにがい経験をもっている。しかしながら、京都と安土とのあいだであれば、もはやそのような心配すら必要なかったことであろう。

そのことをふまえたうえで、あらためて「信長在京表」をみてみると、「二条殿御屋敷」に移徙して以降もなお信長は一度として京都で正月を迎えなかったことがあきらかとなる。それはつまり、信長にとって本拠はあくまで安土であり、「二条殿御屋敷」ですら旅宿にすぎないという認識があらわれているのであろう。

京都・安土間はどのルートを通ったか

それでは、信長は、京都と安土をどのような道筋で往復したのであろうか。(44) たとえば、安土城に「御登城」（『兼見卿記』天正四年二月二十五日条）した天正四年（一五七六）の十一月に上洛した信長を吉田兼見は、「山科にいたりまかり出で」（『兼見卿記』十一月四日条）迎えている。ここからは、信長が東海道（のちの中山道）をつかって上洛したことがあきらかとなる。同年三月には、信長の命でかけられた「勢田橋」（瀬田橋）が「大方出来」（『言経卿記』三月四日条）しており、東海道をつかう準備は安土「御登城」よりまえにすすめられていた。

ただし、前年の天正三年に信長は、京都と近江湖西をつなぐ山越えの道筋である「今道《いまみち》」を「路次普請」したことも知られている（『兼見卿記』二月十五日条ほか）。にもかかわらず、信長は「今道」をつかわず、東海道を通って安土から京都へ上洛したことになるわけだが、翌天正五年二月にも兼見が「山科いたりまかり出で御礼」（『兼見卿記』二月八日条）し、また、翌々天正六年九月にも「山科六地《ろくじ》蔵《ぞう》においてて御礼申す」（『兼見卿記』九月二十四日条）と「山科六地蔵」で信長に「御礼」していることからすれば、安土から京都へ向かうさいには、基本的に東海道をつかうようになっていたと考えられよう。

もっとも、そのいっぽうで、天正六年十月六日には、「御下向今道なり」と『兼見卿記』同日条が伝えているように、安土へ帰るさいに「今道」をつかったことが確認できる。また、天正七年五月にも、「信長にわかに御下向、今路《いまみち》なり」と『兼見卿記』五月三日条は記しており、これらのことから推せば、京都から安土への帰路や「にわかに御下向」といった場合には「今道」をつかうこともあったと考えられよう。

「いまみちたうげ」（今道峠）

ちなみに、『信長公記』には、天正七年五月の「路次は山中より坂本へ、御小姓衆ばかり召し列られ、御舟にて直に安土御帰城」と記されている。「坂本」からは船で安土へ移動したとされているわけだが、船路でいえば、天正十年四月に安土へ向かった山科言経が京都を「早朝発足」し、「大津浦より舟に乗り」、「堅田にてあい休」んだのちに「戌《いぬ》の刻」（午後八時ごろ）に「下着」（京都から目的地にたどりつくこと）したことが、日記『言経卿記』四月二十五日条に記されている。京都から安土へは、舟をつかっても、その日のうちにたどりつく距離だったことがあきらかとなろう。

二条殿御屋敷での日々

「二条殿御屋敷」に移徙するまえから信長が上洛し宿所に入ると、多数の公家たちが「御礼」（あいさつ）のため訪れることが常となっていた。それでは、宿所が「二条殿御屋敷」にさだまって以降、それはどのようになっていったのであろうか。

残された史料をみるかぎりでは、訪れた公家たちに対する信長の態度はあいかわらずといったものであった。たとえば、天正六年（一五七八）三月二十五日のときは、「御朦気心《もうき》」（病気）のため「諸家」との「対面なし」（『兼見卿記』同日条）であったし、また、同年四月一日も公家たちは「数刻あい待たされたにもかかわらず「対面なし」（『兼見卿記』同日条）、さらには、天正七年五月二日も「面顔に腫れ物」ができたため「対面なし」「惣別《そうべつ》見参なし」（『言経卿記』同日条）といったように、簡単には対面も見参もしないようすが公家たちの日記から読みとれるからである。

その態度は、「もてなし上手」[45]と評される信長らしからぬように思われるが、史料によるかぎり、信長が「もてなし上手」ぶりを発揮していたのは、岐阜や安土など本拠にかぎられていたように思われる。みずからの本拠を訪れる客人に対しては最大限の「おもてなし」をみせるいっぽう、旅先にすぎない京都では、その必要性すら感じていなかったのかもしれない。

そのようななか、公家たちを「二条殿御屋敷」に招いて盛大におこなった催しがあった。天正六年十月五日におこなわれた「相撲」である。『兼見卿記』同日条によれば、「諸家残らず見物」とあり、公家たちもこぞって「見物」したことがわかるが、その「相撲」は、「あふみ衆」（近江衆）や「京衆七百ほど」（『晴豊記《はれとよき》』同日条）が「終日に千番ばかり」（『宗及他会記』同日条）取るという大規模なものであった。そのため、兼見ら公家たちが「二条殿御屋敷」を「退出」できたのは、「暮れに及」（『兼見卿記』同日条）んだという。

『信長公記』によるかぎり、相撲好きにみえる信長はともかくとして、「終日に千番」もの「相撲」をみせられた公家たちが楽しんでいたのかどうかについてはさだかでない。しかも、それほど広いとはいえない「二条殿御屋敷」での冬十月の「相撲」興行である。想像するに、大きな声ではいえないものの、公家たちにとっては、ありがた迷惑といったところが正直な感想だったのではないだろうか。

二条殿御屋敷を誠仁親王へ進上したのはなぜか

さて、天正七年（一五七九）十一月に入って、「二条殿御屋敷」の周辺はにわかにあわただしくなる。『兼見卿記』十一月十五日条に「親王御方へ信長御殿御進上」と記されているように、「親王御方」（誠仁親王）へ「信長御殿」（「二条殿御屋敷」）が「御進上」されるとの話がわきあがってきたからである。

この話を耳にした兼見は、ことの次第をさっそく信長家臣の「村長」（村井長門守貞勝）にたずねて

天正7年（1579）信長在京表

年	月日	事跡	宿所	典拠
天正7年（1579）	信長、安土に滞在			
	2月18日	入京	二条殿御屋敷	兼見・言経・日々・御湯
	2月19日			
	2月20日			
	2月21日			
	2月22日			
	2月23日			
	2月24日			
	2月25日			
	2月26日			
	2月27日			
	2月28日			
	2月29日			
	3月1日			
	3月2日			
	3月3日			
	3月4日			
	3月5日	出京		兼見・日々・御湯
	信長、摂津に在陣			
	5月1日	入京	二条殿御屋敷	兼見・日々
	5月2日			
	5月3日	出京		兼見・言経

いる。しかしながら、すでに「御殿御進上のこと」は「治定《じじょう》」（そうすることに決めること）しているとの返答を貞勝から聞くとともに、それからまもなくして勧修寺晴豊の「使者」もやって来、「やがて」（急ぎ）「御移徙の儀」があるから「おのおのその用意」をおこなうようにとの連絡がもたらされるありさまであった。

　あわただしくことがすすんでいたようすがうかがわれるが、実際、『御湯殿上日記』十一月二十一日条には、「宮の御方、思いよらずにわかに二条へ御成」とみえる。「思いよらずにわか」というのが大方の実感だったのであろ

天正７年（1579）

信長、安土に滞在			
5月27日、安土宗論			
9月11日	入京	二条殿御屋敷	兼見・御湯
9月12日			
9月13日			
9月14日			
9月15日			
9月16日			
9月17日			
9月18日			
9月19日			
9月20日			
9月21日	出京		兼見・御湯
信長、摂津に在陣			
9月28日	入京	二条殿御屋敷	兼見
9月29日			
10月1日			
10月2日			
10月3日			
10月4日			
10月5日			
10月6日			
10月7日			
10月8日	出京		兼見・御湯・（信長）

う。

　そのこともあって、今回の「二条殿御屋敷」の進上をめぐってもさまざまな説が立てられ、いまだ定説をみていないというのが実状のようである。[46]ただし、史料にそくしていえば、『多聞院日記』十一月二十日条に「二条殿の御新造を五の宮を猶子《ゆうし》にして奉りて居り申さる、来る廿二日に御渡り」とみえ、「五の宮」が信長の「猶子」となることに関連して「二条殿御屋敷」の進上もおこなわれたとの情報が流れていたことがわかる。

　ときの天皇である正親町天皇には、男子は「親王御方」＝誠仁親王しかお

天正７年（1579）

信長、安土に滞在

日付	出来事	居所	典拠
11月4日	入京	二条殿御屋敷	兼見
11月5日			
11月6日			
11月7日			
11月8日			
11月9日			
11月10日			
11月11日			
11月12日			
11月13日			
11月14日			
11月15日	二条殿御屋敷を親王へ進上		兼見
11月16日	信長、妙覚寺へ移徙？	妙覚寺	（信長）
11月17日			
11月18日			
11月19日			
11月20日			
11月21日			
11月22日	親王一家、二条殿御屋敷へ移徙		兼見・御湯・多聞
11月23日			
11月24日			

らず、したがって、「五の宮」とは誠仁親王の子となろう。のちに照高院《しょうこういん》門跡《もんぜき》興意《こうい》とよばれる人物が「五の宮」にあたるが、「五の宮」（興意）は、天正四年十月十二日生まれとされているから（『皇親系』）、このとき数えで四歳だったことになろう。

　もっとも、今のところ、「五の宮（興意）の履歴を伝える史料（『諸門跡伝』ほか）には信長の「猶子」になったとの事績が見いだせず、ことの真相はさだかでない。したがって、「五の宮」と「二条殿御屋敷」進上との関係についてもはっきりとはしない。

　ただ、十一月二十一日には、「明日御

天正7年（1579）			
11月25日		妙覚寺	
11月26日			
11月27日			
11月28日			
11月29日			
12月1日			
12月2日			
12月3日			
12月4日			
12月5日			
12月6日			
12月7日			
12月8日			
12月9日			
12月10日	出京		兼見
信長、山崎に滞在			
12月13日、荒木村重の女房らを妙顕寺に入れる			
12月14日	入京	妙覚寺	兼見・（信長）
12月15日			
12月16日			
12月17日			
12月18日			
12月19日	出京		兼見
信長、安土に滞在			

移徙治定」となり、そして、翌二十二日の「辰の刻」（午前八時ころ）に「御《お》局衆《つぼねしゅう》」を先頭に「御供の女中」「左右北面の侍衆」「清華・大中納言」らが供奉した「御方御所」（誠仁親王）の一行が、内裏より「一条通西へ、それより室町通南へ直に二条」をめざし「巳《み》の刻」（午前十時ころ）には「御殿へ御成」したことが、『兼見卿記』各日条から知られる。

　あわただしく誠仁親王一家が「二条殿御屋敷」へ移徙したことがあきらかとなるが、そのようすをひと目みようと「路次左右の見物、田舎衆以下数輩」は「数知れず」であったと『兼見卿記』

同日条は伝えている。そして、翌二十三日には、内裏と同じように公家衆による「御番」（宿直）もさだめられたことが『兼見卿記』同日条からあきらかとなる。

ちなみに、誠仁親王家が移徙して以降、「二条殿御屋敷」は、「二条の屋敷」（『御湯殿上日記』天正七年十一月二十二日条ほか）、「下《しも》御所」（『兼見卿記』天正七年十二月三十日条ほか）、「二条御所」（『晴豊記』天正十年正月三日条ほか）、「二条の御所」（『晴豊記』同年二月二十四日条ほか）などとよばれることになる。

妙覚寺と本能寺に役割の変化

こうして、信長はわずか三年たらずで「二条殿御屋敷」を手放し、それを誠仁親王一家へ進上してしまったわけだが、ここで注目されるのは、この直後に「信長は妙覚寺を用意」（『多聞院日記』十一月二十日条）とあるように、ふたたび妙覚寺に寄宿するようになったという事実であろう。

もっとも、そうなると、このころ妙覚寺に寄宿するのを常としていた信忠と同宿という場面も出てきかねない。おそらくはそれをさけようとしたためであろう、『兼見卿記』天正八年（一五八〇）三月十七日条に「右府信長の御屋敷普請、本応《(能)》寺」とみえるように、天正八年から本能寺において「御屋敷普請」がはじめられることになる。

これより先、信長が本能寺に寄宿したのは、永禄十三年（元亀元年、一五七〇）にまでさかのぼる。

天正8年（1580）信長在京表

年	月日	事跡	宿所	典拠
天正8年（1580）	信長、安土に滞在			
	2月21日	入京	妙覚寺	兼見・御湯・多聞・（信長）
	2月22日		妙覚寺	
	2月23日		妙覚寺	
	2月24日		妙覚寺	
	2月25日		妙覚寺	
	2月26日		妙覚寺	
	2月27日	出京	妙覚寺	兼見
	信長、摂津に在陣			
	3月8日	入京	妙覚寺	兼見・（信長）
	3月9日		妙覚寺	
	3月10日	出京	妙覚寺	兼見
	信長、安土に滞在			
	3月17日、本能寺に御屋敷普請			
	7月14日	入京	妙覚寺	兼見
	7月15日		妙覚寺	
	7月16日		妙覚寺	
	7月17日		妙覚寺	
	7月18日		妙覚寺	
	7月19日		妙覚寺	
	7月20日		妙覚寺	
	7月21日		妙覚寺	
	7月22日		妙覚寺	

したがって、およそ十年ぶりとなるわけだが、ただ、今回がこれまでと大きく異なるのは「御屋敷普請」とみえる点であろう[47]。ここから、本能寺には「御屋敷」が「普請」され、寄宿先にすぎなかった妙覚寺とは一線を画する存在になることがあきらかとなったからである。

もっとも、その「普請」のようすについてはほとんど何もわからないというのが実状である。わずかに『兼見卿記』天正九年二月二十二日条に兼見が「信長御屋敷へまかり出」たと記していることから、このころにはすでに信長が妙覚寺から移徙していたことが確

天正８年（1580）

7月23日		妙覚寺	
7月24日			
7月25日			
7月26日			
7月27日			
7月28日			
7月29日			
8月1日			
8月2日			
8月3日			
8月4日			
8月5日			
8月6日			
8月7日			
8月8日			
8月9日			
8月10日			
8月11日			
8月12日			
8月13日			
8月14日			
8月15日	出京		兼見・御湯
信長、八幡・大坂に滞在			
8月23日	入京	妙覚寺	兼見

認できるのみである。

　この点、『信長公記』には、同年「二月廿日」に信長が「本能寺にいたって御座を移させらる」と記されている。あるいは、この二月に「御屋敷」の「普請」がおわり、信長もそこへ入ったのかもしれないが、もしそうであるなら、おおよそ一年をかけて「普請」がおこなわれたことになろう。

　なお、現在のところ、「御屋敷」の「普請」にともなって、本能寺へ替地があたえられたという形跡はみられない。したがって、本能寺全体を「御屋敷」にしたわけではなく、敷地の一部に「御屋敷」が「普請」されたと考え

8月24日		妙覚寺	
8月25日			
8月26日			
8月27日			
8月28日	出京		兼見
信長、安土に滞在			

るのが自然であろう。

『イエズス会日本年報』には、「信長が都において宿泊する例であり、僧侶をことごとく出し、相当に手を入れた天王寺（本能寺のあやまり）と称する僧院」とみえ、信長が「御屋敷」に入るさいには「僧侶をことごとく出し」、それ以外のときは寺院として機能するという、寄宿と屋敷が折衷したような施設だったことがうかがえる。

それにしてもなぜ、信長は今回、このように本能寺に「御屋敷」を「普請」しようと考えたのであろうか。この問いにこたえてくれる史料ももちろん残されていないが、ただ、三年たらずではあったものの、「二条殿御屋敷」での日々が影響した可能性は高いであろう。居住環境など、寄宿とは大きな違いを信長も実感したのではないかと考えられるからである。

あるいは、洛中に城を構えることはできないものの、屋敷を構えることはゆるされるのではないかという意識の変化が信長のなかでおこっていたとも考えられる。実際、この時期、織田家中で在京時の宿所として屋敷を構えていたのは信長だけであり、後嗣の信忠は妙覚寺に寄宿、また、その弟「三七殿《さんしちどの》」（織田信孝《のぶたか》）も「妙満寺《みょうまんじ》」（『兼見卿記』天正八年七月二十八日条）に寄宿し、そして、有力家臣である「羽柴筑前守《ちくぜんのかみ》」（秀吉）でさえ、「三条町伊藤与右衛門《いとうよえもん》宿」を「旅宿」（『言継卿記』天正四年十一月二十日条）にしていたからである。

さらにいえば、「天下所司代《しょしだい》」（『信長公記』）や「京都開闔《かいこう》」（『多聞院日記』天正十年三月十五日条）とよばれた村井貞勝にいたっても、「本能寺」（『言経卿記』天正十一年八月十九日条）の「御門外に家」（『惟任謀反記《これとうむほんき》』）というありさまであった。

このように、織田家中では、信長をのぞいて洛中に屋敷を構えることはゆるされなかったと考えられるが、いずれにしても、その敷地の一部をとられ、信長在京時には一時退避を余儀なくされた本能寺にとっては迷惑千万であったことだけはまちがいないであろう。

内裏の要望でおこなわれた御馬汰

ところで、信長が本能寺の「御屋敷」に入った天正九年（一五八一）に京都でおこなわれたできごととして知られているのが、「御馬汰《おうまぞろえ》」（御馬揃）である。馬汰とは、一般に軍馬を集めてその優劣や調練のようすなどを検分することを指す。

そのような馬汰がなぜこの時期に京都でおこなわれたのかという点についても、当時の政治情勢とからめてさまざまな説が立てられている。(48)しかしながら、ここでもまた、残された史料にそくしてみるなら、その出発点とは、『御湯殿上日記』正月二十四日条にみえるように、「都にて」「き《(さカ)》きつちやう」（左義長《さぎちょう》、三毬打、爆竹）を「御覧まいられたき」との内裏からの要望によるものだったことがあきらかとなる。

左義長といえば、毎年、正月十五日と十八日に内裏でおこなわれてきた伝統行事として知られている。そして、そのすがたも『歴博乙本洛中洛外図屏風』などからみてとることができる。天正九年もまた、『御湯殿上日記』正月十五日条と十八日条に「御さきつちやうあり」「御さきつちやう」とあり、例年と同じようにおこなわれたことがわかる。したがって、「御覧まいられたき」「き《(さカ)》きつちやう」が、これらを指すものでないことはあきらかといえよう。

誠仁親王画像　京都市東山区・泉涌寺蔵

とすれば、問題の「き《(さカ)》きつちやう」とは何を意味するのかといえば、同年正月十五日に「安土において」おこなわれた「爆竹・御馬汰」であることが『兼見卿記』同日条から読みとれる。内裏でおこなわれる左義長には「御馬汰」はみられず、よって、京都でみられるものとはまた別の「爆竹・御馬汰」（とりわけ「御馬汰」）を「御覧」になりたいというのが、『御湯殿上日記』正月二十四日条が伝える内容となろう。

このような内裏側の要望に接して信長はすぐに対応したらしく、『兼見卿記』正月二十五日条によれば、「信長御上洛」して、「御馬汰」への参加のため「御分国ことごとくまかり上るべき旨」を「惟《これ》任日向守《とうひゅうがのかみ》」（明智光秀）に「仰せ付けた」ことがあきらかとなる。

町人たちによって作られた御馬汰の馬場

この後、準備は急ピッチですすめられていったようだが、ここで注目されるのは、「御馬汰の馬場」が「内裏の東」に「南北四町、東西一町あまり」の規模で「上下京」の町人たちによって「作」られたと『兼見卿記』二月二十一日条が記している点であろう。

「東西一町あまり」とある以上、馬場の横幅は、内裏の東端を通る高倉通と万里小路《までのこうじ》（柳馬場《やなぎのばんば》通）のあいだであったことがわかる。いっぽう、竪幅を示す「南北四町」については、南限と北限がどの通であったかにより違いが出てくる。

残念ながら、同時代史料では手がかりを見いだすことができないが、『左京亮宗継入道隆佐記《さきょうのすけむねつぐにゅうどうりゅうさき》』

内裏の東南に広がる農地

に「南北へ馬場の長さ四町半町、一条通より近衛通より下まで」とあり、また、『信長公記』に当日、「下京本能寺を信長辰の刻に出でさせられ、室町通御上りなされ、一条を東へ御馬場へ入り」とみえることからすれば、一条通から近衛通（出水《でみず》通）までの「南北四町」であった可能性が高いであろう〔22頁・図1〕。

もしそうであるなら、南限は新在家絹屋町の南側と揃い、北限は信長によって移転させられた二条殿の屋敷（報恩寺旧地）の南側と接することになる。つまり、これによって内裏の東南一帯が開発され、整地されたとみることもできよう。

『上杉本洛中洛外図屏風』などをみてもわかるように、戦国時代の内裏周辺、とりわけ東南一帯には農地が広がっていた。また、その農地は、『宗長手記《そうちょうしゅき》』に「大《（内）》裏は五月の麦のなか」とあるように、麦畑であっ

天正9年（1581）信長在京表

年	月日	事跡	宿所	典拠
天正9年（1581）	信長、安土に滞在			
	2月20日	入京	本能寺	兼見・御湯・多聞・（信長）
	2月21日			
	2月22日			
	2月23日			
	2月24日			
	2月25日			
	2月26日			
	2月27日			
	2月28日	御馬汰		兼見・御湯・多聞
	2月29日			
	2月30日			
	3月1日			
	3月2日			
	3月3日			
	3月4日			
	3月5日	御馬汰		兼見・御湯
	3月6日			
	3月7日			
	3月8日			
	3月9日			
	3月10日	出京		兼見・多聞

たと考えられている。そういうこともあって、内裏の東南一帯には、「東南の堀」（『御湯殿上日記』永禄四年七月二十四日条ほか）や「内裡《だいり》物堀」（『上下京町々古書明細記』）とよばれる堀が掘られていた。

つまり、ここから信長は、「御馬汰」をきっかけに、無防備ともいえる内裏東側の農地をつぶして馬場にしたとみることができよう。しかも、それを「上下京」の町人たちによって「作」らせたということをふまえるなら、これもまた「禁中守護」の一環であったとみることができるのかもしれない。

信長、安土に滞在
8月1日、安土で馬汰

実際、秀吉の時代になってからではあるものの、馬場には仙洞《せんとう》御所や公家屋敷がつくられ、近世の公家町形成へとつながっていったことがあきらかにされている。[49] しかも、今回の「御馬汰」直後にふたたび「譲位」（『御湯殿上日記』三月九日条）が話題にのぼっていることをふまえるなら、譲位後に必要となる仙洞御所を建てるための敷地確保まで視野に入れていたのかもしれない。

なお、「禁裏辰《たつ》巳《み》角《かど》」にあった「小社」も「遷」され、馬場がつくられたことが確認できるが（『兼見卿記』同年二月二十三日条）、この直前の『兼見卿記』二月二十二日条に「馬場ことごとく出来」とみえることからすれば、二月二十二日には馬場は完成していたと考えられよう。

二度の御馬汰は大盛況

「御馬汰」がおこなわれたのは、馬場が完成してから数日たった二月二十八日となる。『御湯殿上日記』同日条によれば、「東の堀の際《きわ》に御桟《さ》敷《じき》打たれて御覧ぜらるる」とあり、内裏の「東の堀の際」につくられた「御桟敷」のなかから天皇は「御馬汰」を「御覧」になった。

また、『多聞院日記』同日条には、「諸国見物衆数多」とみえ、「御馬汰」を「見物」したのが天皇をはじめとする公家たちだけではなかったことも知られる。この点、『フロイス日本史』では、「諸国から見物のため同所に集まる群衆の数は、みなの判断によると二十万人に近いといわれる」と記されている。実際はそこまででなかったにしろ、数多くの見物人のすがたがみられたことはまちがいないであろう。

それから数日たった『兼見卿記』三月四日条をみてみると、「明日、先度御馬場において御馬汰またこれあり」とあり、「御馬汰」が三月五日にもおこなわれることになったようである。実際、『兼見卿記』三月五日条には、「禁中女中衆そのほか御所御所の衆おのおの御見物」と、「御方御所」（誠仁親王）が「女中衆のうち御忍びにて御見物」と記されている。「女中衆」の桟敷にまぎれて誠仁親王も「御見物」したことがあきらかとなろう。

もっとも、『兼見卿記』同日条には、「右府御馬廻衆ばかり」とみえ、今回は信長側近の「御馬廻衆」のみの「御馬汰」だったことが知られる。それでも「御馬数七百あまりこれあり」（『兼見卿記』同日条）とあるから、二月二十八日におこなわれた「御馬汰」に参加した馬の数は「七百」をはるかに越えるものだったのであろう。

このようにしてみると、二月二十八日と三月五日の二度にわたって数多くの馬と人びとが馬場を行進し、そして、それを見物する人びとも数多く集まっていたことがあきらかとなる。おそらくは、これによって「東の野」（『御湯殿上日記』天正九年二月二十八日条）をつぶしてつくられた馬場も、おのずと踏み固められることになったであろう。この点からすれば、二度にわたっておこなわれた「御馬汰」は、文字どおり近世の公家町形成のための地ならしになったといえるのかもしれない[50]。

ところで、信長は、二度目の「御馬汰」から数日たった三月十日の「未明」（『兼見卿記』同日条）に出京する。ここから、今回の上洛の目的が「御馬汰」のためだけだったことがあきらかとなるが、このころになると、信長にとって上洛する目的は、例の「触状」にみられた「禁中御修理」（のちに「禁中守護」）「武家御用」「天下いよいよ静謐」のうちの「禁中」（内裏、禁裏、天皇）にかかわることがらに収斂しつつあったことがみてとれる。

京都に「武家」が不在となって早十年、その間、「天下」の意味するところが変化をとげていくなか[51]、信長の上洛目的も「禁中」に集中していくことになったのは自然な流れであったといえる。しかしながら、それは裏を返せば、京都が、信長にとってみずからの本拠でも、また、いわゆる天下に号令を発する場所でもないことをあらわにしていく結果になったといえよう。

故地を訪ねて7　二条殿御屋敷跡

烏丸通と御池通（三条坊門小路）が交差するところに立って北側を向いたとき、その左手前方あたりにかつて「二条殿御屋敷」があった。現在でも「二条殿町《にじょうでんちょう》」の町名が残されており、その場所は比較的わかりやすい。

ただし、『上杉本洛中洛外図屏風』などに描かれる「二条殿御屋敷」の池から流れ出る川が御池通から室町通へとつながっていくようすは、現在では想像することすらむずかしい。御池通は、京都市中でも屈指の広さと交通量を誇る大通りとなっているからである。

また、「二条殿御屋敷」（二条御所）の跡地をあたえられた大雲院が、秀吉の時代に四条京極《しじょうきょうごく》（四条寺町《てらまち》）へ移転して以降、その敷地のまん中には南北道路（両替町通《りょうがえまち》）が通され、跡地は東西に分断されることになった（168頁・図4）。

現在その東側には「此附近二條殿址」と書かれた石碑が建てられているが、石碑のない西側の一角から発掘調査によって池の跡や州浜・庭石などが発見され(52)〔図4―①〕、池が敷地の西側にあったことがあきらかとなっている。

池の跡よりさらに南側、三条坊門小路（御池通）に近いところでは「竈2基、土間、井戸からなる遺構群」が発掘され〔図4―②〕、「蒸し風呂形式の浴室遺構」[53]として注目をあびた。しかも、これが信長の「二条殿御屋敷」の時期にあたる「明確な遺構」とされている点でも重要といえよう。

なお、先にもふれたように、戦国時代にはすでに室町通沿いに町が形成されており、「大雲院御池寺屋敷地割絵図」にみえるように、池はかなりせまくなっていたと考えられる。その室町通沿いに形成された町は、当時とほぼ同じ町名（御池之町）が今も残されている。そして、そこに立って室町通を北へのぞめば、「二条殿御屋敷」とその西隣の妙覚寺がいかに近い距離にあったのかが実感できよう。

「此附近二條殿址」の石碑

このような至近距離のなか一時期、「二条殿御屋敷」（二条御所）には誠仁親王一家が住まいし、妙覚寺には信長や信忠が寄宿していた。向かって左側にあたる妙覚寺が二条通まで二町分の敷地を

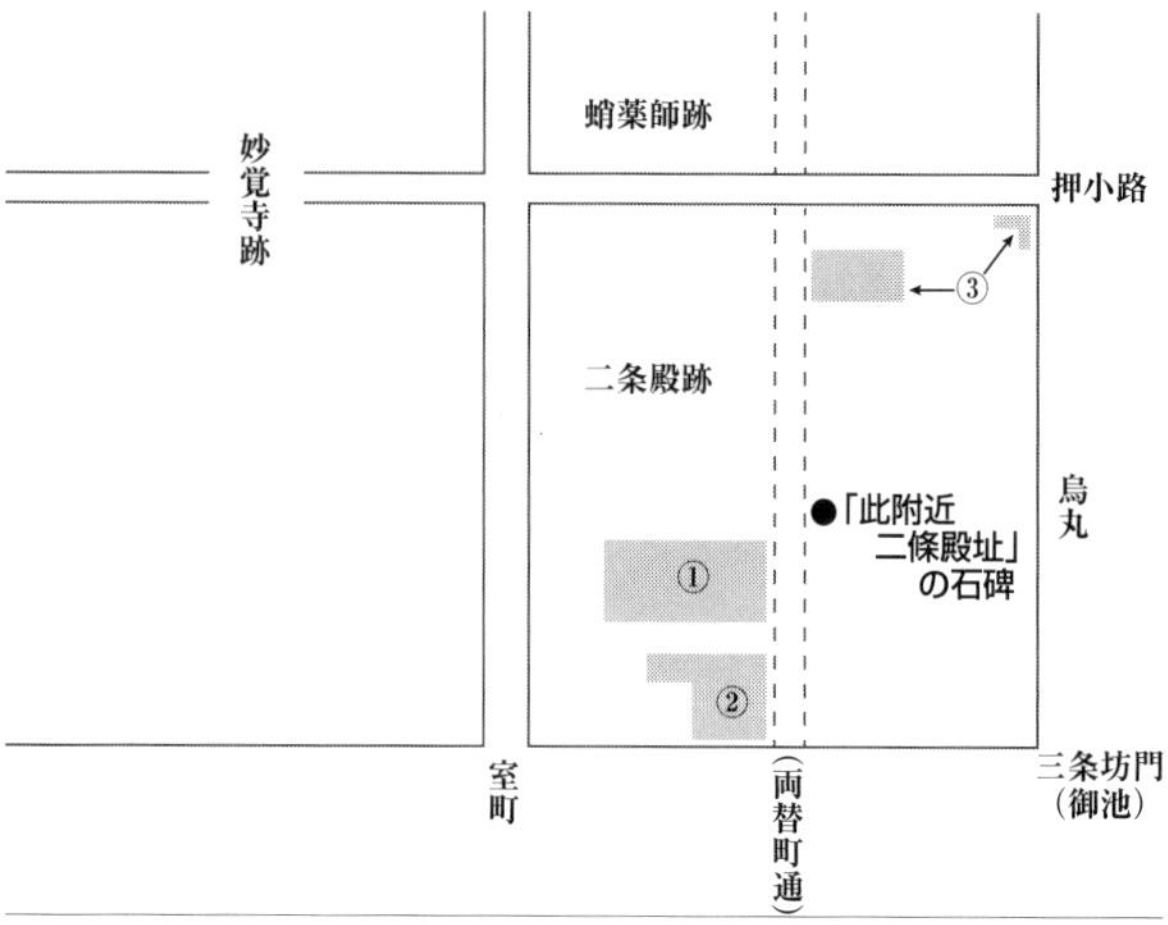

図４　二条殿跡の発掘調査地（『京都市埋蔵文化財研究所発掘調査報告 2009-20　平安京三条三坊十町跡・烏丸御池遺跡・二条殿御池遺跡』2010年所収図を加工）

占めていたのに対し、右側の「二条殿御屋敷」が一町分の押小路通までしかなかったことを思いおこせば、さらに想像豊かに当時の光景がうかびあがってくることになろう。

室町通を押小路通まで北上していくと、その北側には蛸薬師町という町名が残されており、かつて蛸薬師があったことが知られる。また、そのあいだには、東西にわたって「二条殿御屋敷」の「北堀」があったことも思いうかべられるだろう。[54]エピローグでもふれるように、天正十年（一五八二）六月二日、この「二条殿御屋敷」と妙覚寺一帯は、本能寺以上に修羅場がくり広げられることになる。

出土した池の跡、洲浜、庭石などの遺構（図4-①）

竈2基、土間、井戸からなる遺構群（図4-②）上下とも画像提供：京都市埋蔵文化財研究所

註

（1）天正元年から十年にかけての信長をめぐる政治史については、現在のところ、金子拓『織田信長〈天下人〉の実像』講談社現代新書、二〇一四年）、同『織田信長権力論』（吉川弘文館、二〇一五年）がもっとも実証的であり、説得力に富むのではないかと考えられる。したがって、本書における政治史の流れもまた、金子氏の研究によるところが大きい。
（2）藤田達生『天下統一―信長と秀吉が成し遂げた「革命」―』（中公新書、二〇一四年）。
（3）横田冬彦「城郭と権威」（『岩波講座日本通史　第11巻　近世1』一九九三年）。
（4）『兼見卿記』元亀四年七月十四日条によれば、兼見らのいる「当山」（吉田山）を信長の「御屋敷」にと「明智」（光秀）が「御前において」申したため、「柴田」（勝家）らが「見来」ったことが記されている。しかしながら、結局のところは、「なかなか御屋敷になりがたし」ということで実行されなかった。
（5）『多聞院日記』天正二年五月十五日条に「信長東乱とて下向、これにより普請も延引しおわんぬと」という記事がみえ、横田氏は、前掲論文でこの記事をもとに計画が延引したと理解している。ここにみえる「普請」の内容はさだかでないが、可能性として延引したと考えることはできよう。
（6）岡田正人「宿所本能寺をめぐる諸問題」（同編著『織田信長総合事典』雄山閣出版、一九九九年）。
（7）金子氏前掲『織田信長〈天下人〉の実像』、同『織田信長権力論』参照。
（8）註（7）参照。
（9）上田純一『相国寺研究一　相国寺の歴史』（相国寺教化活動委員会、二〇〇六年）。
（10）下村信博『戦国・織豊期の徳政』（吉川弘文館、一九九六年）。天正三年の信長による「新地」給付については、下村氏の研究にくわしい。
（11）註（10）参照。
（12）木下昌規「戦国期足利将軍家の任官と天皇」（『日本歴史』七九三号、二〇一四年）。

(13) 金子氏前掲『織田信長〈天下人〉の実像』、同『織田信長権力論』参照。
(14) 小川剛生『足利義満』（中公新書、二〇一二年）。
(15) 註(13)参照。
(16) 藤井譲治「信長の参内と政権構想」（同『近世初期政治史研究』岩波書店、二〇二二年、初出は二〇一二年）。
(17) 報恩寺については、水野恭一郎「上京報恩寺小考」（同『武家時代の政治と文化』創元社、一九七五年、初出は一九七二年）にくわしい。また、その所在地については、登谷伸宏「近世における公家町の形成について」（同『近世の公家社会と京都―集住のかたちと都市社会―』思文閣出版、二〇一五年、初出は二〇一〇年）参照。
(18) 『老人雑話』によれば、二条殿は「応仁の乱のころ焼失し、老人幼少のときは、小《（御）》池の跡のこれり（中略）二条殿はかたわらに小さき屋をつくりて御座す」とあり、荒廃していた可能性も考えられる。
(19) 註(9)参照。
(20) 小川剛生「押小路烏丸殿」（同『二条良基研究』笠間書院、二〇〇五年）。
(21) 高橋康夫「織田信長と京の城―近世都市・京都へ―」（同『海の「京都」―日本琉球都市史研究―』京都大学学術出版会、二〇一五年、初出は二〇〇一年）。
(22) 『言継卿記』天正四年五月九日条にも「サイカ《（雑賀）》ノ孫一の首昨日上ると云々、早旦、勘解由小路室町武家の御堀の端にこれを懸くと云々」とみえ、「御堀」が残されていたことがわかる。
(23) 矢内一磨「堺妙国寺蔵「己行記」について―史料研究を中心に―」（同『中世近世堺地域史料の研究』和泉書院、二〇一七年、初出は二〇〇七年）。
(24) 河内将芳「戦国末期畿内における一法華宗僧の動向―日珖『己行記』を中心に―」（同『戦国仏教と京都―法華宗・日蓮宗を中心に―』法藏館、二〇一九年、初出は一九九八年）。なお、頂妙寺の寺地の変遷については、河内将芳「中世頂妙寺の寺地と立地について」（『興風』三四号、二〇二二年参照）。

(25) 古川元也「天正四年の洛中勧進」（『古文書研究』三六号、一九九二年）、河内将芳「法華宗檀徒の存在形態―天正四年付「諸寺勧進帳」の分析を中心に―」（同『中世京都の民衆と社会』思文閣出版、二〇〇〇年、初出は一九九二年）、同「「天正四年の洛中勧進」再考―救済、勧進、経済―」（同前掲『戦国仏教と京都―法華宗・日蓮宗を中心に―』、初出は二〇〇九年）。

(26) 高橋康夫『京都中世都市史研究』（思文閣出版、一九八三年）、同『洛中洛外―環境文化の中世史―』（平凡社、一九八八年）。

(27) 高橋氏前掲『洛中洛外―環境文化の中世史―』参照。

(28) 登谷氏前掲「近世における公家町の形成について」参照。

(29) 古川元也「京都新在家の形成と法華宗檀徒の構造」（中尾堯編『中世の寺院体制と社会』吉川弘文館、二〇〇二年）、河内将芳「戦国期京都における勧進と法華教団―新在家を中心に―」（同前掲『戦国仏教と京都―法華宗・日蓮宗を中心に―』、初出は二〇一一年）。

(30) 上田氏前掲『相国寺研究一 相国寺の歴史』、「相国寺史料編年集成」（『同志社大学歴史資料館館報』一五号、二〇一二年）。

(31) 今谷明『京都・一五四七年―上杉本洛中洛外図の謎を解く―』（平凡社ライブラリー、二〇〇三年、初出は一九八八年）。

(32) 村井祐樹「史料紹介 東京大学史料編纂所所蔵『中務大輔家久公御上京日記』」（『東京大学史料編纂所紀要』一六号、二〇〇六年）、野地秀俊「中世後期京都における参詣の場と人」（『新しい歴史学のために』二八二号、二〇一三年）。

(33) 河内将芳『戦国京都の大路小路』（シリーズ・実像に迫る012、戎光祥出版、二〇一七年）。

(34) 江戸時代中期に刊行された地誌『山州名跡志』によれば、「はじめ室町通三条坊門に」あったが、このころは「同街（京極）四条坊門の東にあり」とみえる。また、同時期、「円福寺境内」には「永福寺」もあったが、「永福寺」は、「はじめ室町通二条の南に」あったのが「荒廃によりて」円福寺に移ったという。かつて永福寺は「蛸薬師と号」したが、円福寺のほうが移転し、現地には蛸薬師堂永福寺のみが残されている。
(35) 註(34)参照。
(36)『龍池山　大雲院』(本山龍池山大雲院、一九九四年)。
(37) 註(36)参照。
(38) 発掘調査でも池の跡などが確認されている(『京都市埋蔵文化財研究所発掘調査概報二〇〇二―七　平安京左京三条三坊十町(押小路殿・二条殿)跡』(二〇〇二年)、『押小路・二条殿の庭園　リーフレット京都』一六八、京都市埋蔵文化財研究所・京都市考古資料館、二〇〇二年)。
(39) 河内将芳『歴史の旅　戦国時代の京都を歩く』(吉川弘文館、二〇一四年)。
(40)『兼見卿記』天正六年十月三日条に「御屋敷に植えらる」「杉木」に関する話題が記されており、植樹などはひきつづきおこなわれたと考えられる。
(41) 金子氏前掲『織田信長〈天下人〉の実像』によって、信長が任官し、昇進するごとに公家らに対して諸手続にかかわる報酬が給与されていたことがあきらかにされている。ここでは、それがなくなるという意味になる。
(42) 堀新「織田信長と武家官位」(同『織豊期王権論』校倉書房、二〇一一年、初出は一九九九年)、金子氏前掲『織田信長〈天下人〉の実像』、同『織田信長権力論』参照。
(43) 堀氏前掲「織田信長と武家官位」参照。
(44) 河内将芳「織田信長の上洛―岐阜〜京都間の路次(道筋)を中心に―」(『特別展　Gifu信長展―もてなし人信長　知られざる素顔―』岐阜市歴史博物館、二〇一七年)。
(45) 金子拓『戦国おもてなし時代―信長・秀吉の接待術―』(淡交社、二〇一七年)。
(46) 金子拓「誠仁親王の立場」(同前掲『織田信長権力論』、初出は二〇一三年)が最新の研究成果であり、それによれば、

「王子・王女の誕生により親王御所が手狭になったというのが、現実的な理由ではあるまいか」と理解されている。
（47）河内将芳「中世本能寺の寺地と立地について―成立から本能寺の変まで―」（同前掲『戦国仏教と京都―法華宗・日蓮宗を中心に―』、初出は二〇〇八年）。
（48）堀新「織田権力論の再検討―京都馬揃・三職推任を中心に―」（同前掲『織豊期王権論』、初出は一九九八年）、金子氏前掲「誠仁親王の立場」、堺有宏「天正九年京都馬揃えと朝廷」（『日本歴史』七八八号、二〇一四年）が最新の研究成果であり、堀氏によれば、「信長にとっても、生母との離別を悲しむ誠仁を励まし、同時に京都町衆や諸国の大名へのデモンストレーション効果を期待できた」とされ、金子氏によれば、「京都の沈滞した空気を解消するというより、誠仁を元気づけることに（実行した信長も観覧を希望した天皇にも）あったのではなかろうか」とされている。
（49）登谷氏前掲「近世における公家町の形成について」参照。
（50）ちなみに、京都での「御馬汰」がよほど気に入ったのか、同年八月一日にも信長は、「安土において御馬汰」をおこなったことが『兼見卿記』同日条から知られる。そして、『兼見卿記』八月五日条によれば、「今度御馬汰ことさら見事」なもので、「四百騎ばかり出馬」したという。「御馬汰」後については、河内将芳「天正九年、信長の馬揃（「御馬汰」）とその後」（『日本歴史』八七〇号、二〇二〇年）参照。
（51）神田千里「中世末の「天下」について」（同『戦国時代の自力と秩序』吉川弘文館、二〇一三年、初出は二〇一〇年）、池上裕子『織田信長』（吉川弘文館、二〇一二年）。
（52）註（38）参照。
（53）『京都市埋蔵文化財研究所発掘調査報告　二〇〇九―一〇　平安京左京三条三坊十町跡・烏丸御池遺跡・二条殿御池城跡』（二〇一〇年）。
（54）烏丸通と押小路通の交差点の南西側でおこなわれた発掘調査（図4―③）により東西方向の堀と南北方向の堀の

跡が発見された。その報告書『平安京左京三条三坊十町　二条殿小池城跡』（古代文化調査会、二〇一五年）によれば、東西方向より南北方向の堀のほうが信長時代の堀である可能性が高いという。文献史料や「大雲院御池寺屋敷地割絵図」では確認できないが、検討すべき課題と考えられる。

エピローグ――天正十年、信長最後の上洛と「京都の儀」

生涯最後の正月となった天正十年

　天正十年（一五八二）の正月は、信長にとって生涯最後の正月となる。そして、その正月を信長は安土で迎えた。『蓮成院記録《れんじょういんきろく》』正月六日条によれば、「安土あたり諸大名衆年始礼のこと、旧冬歳暮のとき、年頭の祝儀は十疋《ぴき》ずつ沙汰あるべ」しと「上様」（信長）が「直に仰せ出」だされたため、「大名・少名」が「十疋ずつ」の「礼式」（金や物品）を持参したことが確認できる。

　一疋とは銭十枚（十文）を指すから、「十疋」は銭百枚（百文）を意味する。これが通常の「礼式」とくらべて高いのかどうかといった点についてはさだかでない。ただ、「正月朔日」に「上様御礼申しあげ」た堺の津田宗及《つだそうぎゅう》の日記『宗及他会記』同日条をみてみると、その銭「十疋」を信長本人が「御手へとらせられ」たという。

　このとき、宗及は安土城内の「御幸《ごこう》の間」も「拝見」しており、問題の銭「十疋」も趣向をこらした信長の「おもてなし」の一環とみられているが、(1)いずれにしても、ここからは、信長が最後の最後まで京都で正月を迎えなかったことがあきらかとなろう。

もっとも、『兼見卿記』正月二十六日条によれば、それからしばらくして、村井貞勝より「廿八日」に「信長御上洛」との情報を兼見が耳にしたことがわかる。ただし、実際には、それは「御延引」（『兼見卿記』同日条）となった。

信長のもとへ届いた武田氏三人の首

それからおよそひと月ほどたった三月五日の「暁《あかつき》」（『晴豊記』同日条）、あるいは「辰《たつ》の刻」（午前八時ころ）（『宗及他会記』）に信長は安土より「信州《しんしゅう》」（『宗及他会記』）へ出陣する。武田勝頼を攻めるためである。ところが、同月「十一日」には、すでに「三位中将殿」（信忠）によって「武田一党ことごとく打ち死に」（『言経卿記』三月二十日条）という状態になっていた。

天正10年（1582）信長在京表

年	月日	事跡	宿所	典拠
天正10年（1582）	3月、武田氏滅亡信長、諏訪・甲斐から駿河・遠江・三河・尾張・美濃と巡る			
	5月29日	入京	本能寺	兼見・言経・日々・多聞
	6月1日			兼見・言経・日々
	6月2日	本能寺の変		兼見・言経・日々・多聞

『多聞院日記』三月二十三日条によれば、同月「十六日に」信長のもとへ「打ち死に」した「四郎殿父子」（武田勝頼・信勝《のぶかつ》）と「典厩」（武田信豊《のぶとよ》）の「首到来」したという。そして、それらを信長は京都へ送り、同月二十二日に「獄門に

武田勝頼・信勝・北条夫人画像　東京大学史料編纂所蔵模写

懸け」たことが、『言経卿記』や『兼見卿記』の同日条から確認できる。ここからは、武田氏もまた、かつての浅井・朝倉氏と同様、京都に対する謀反人としてあつかわれたことが知られよう。

　なお、『晴豊記』三月二十二日条によれば、「首三つ」は「下五りやう（下御霊《しもごりょう》）、まとのある所に懸けられ」たという。「まとのある所」が何を意味するのか今ひとつわからないが、「下五りやう」（下御霊）とは、『上杉本洛中洛外図屏風』に描かれる「ごりやう」（御霊、下御霊社か下御霊御旅所[2]）を指すのであろう。

　その北側には「ふゑい」（武衛《ぶえい》）と墨書された屋敷が描かれており、この地に義昭御所が築かれたことからもわかるように、「下五りやう」（下御霊）も室町通に面していた。つまり、武田氏三人の首は、戦国時代の上京と下京をつなぐ唯一の道である室町通を往来する人びとの目にふれるように懸けられたことがあきらかとなる。勧修寺晴豊も「八《や》つ時」（午後二時ころ）に「見物」に出向き、「首三つ懸けらるる」ようすを目の当たりにしている。また、「首三つ」のうち「典厩」の首が「落ち」たことも目撃したという。

なお、『多聞院日記』三月二十三日条には、「三日さらして播州《ばんしゅう》へ遣わさるべし」とみえ、三人の首が懸けられたのはわずか三日だけだったことが知られる。そして、その後は播磨《はりま》へ送られる予定であったとも伝えられている(3)（『言経卿記』三月二十二日条）。

「ごりやう」（下御霊）

両御所から届いた「将軍になさるべきよし」

このようにして、武田氏の滅亡は京都でも知れわたることになったわけだが、それをめぐって『宗及他会記』は、「信州・甲州《こうしゅう》・駿州《すんしゅう》、上様の御手に属しそうろう」と記し、信濃《しなの》・甲斐《かい》・駿河《するが》まで「上様」（信長）がその勢力下においたと理解していたことがわかる。

また、『多聞院日記』三月二十三日条にも「東は碓氷《うすい》が峠、北は越後《えちご》までのあいだに信長の敵は一人もこれなし」とみえ、国名こそ書かれていないものの、おおよそ『宗及他会記』と同じような理解が共有されていたことが知られよう。

これらの地域が当時、「東国」とよばれていたことは、たとえば、「上様東国へ御出馬」(『蓮成院記録』天正十年卯月条)とみえることからあきらかといえる。また、ポルトガル語による日本語辞書として知られる『日葡辞書』によれば、「東国」(Togocu)と「関東」(quantô)は同じ意味とされ、「東の地方にある日本のいくつかの国々」をあらわすと説明されている。

つまり、武田氏を滅亡させたことによって、信長は「東国」「関東」(もちろんすべてではないが)まで支配下においたとみられていた。おそらくこれをふまえてであろう、「両御所」(正親町天皇・誠仁親王)の「御書」を持参して安土を訪れた勅使らが、「関東打ち果たされ珍重そうろうあいだ、将軍になさるべきよし」との意向を「御乱《おらん》(森乱)と申しそうろう小姓」を介して信長へ伝えることになる(『日々記』五月四日条)(4)。

ここにみえる「両御所」の「御書」のうち、誠仁親王のものが残されているが(『畠山記念館所蔵文書』)、そこには、「天下いよいよ静謐」は「朝家《ちょうか》の満足」であり、それをたもつために「いかようの官にも任ぜられ、油断なく馳走申されそうらわんこと肝要《かんよう》」であるとのことばが記されている。

ここからは、「関東打ち果」したことと「天下いよいよ静謐」がならべられ、それをたもち、「朝家」（朝廷）に「油断なく馳走」するためには「いかようの官にも」（「将軍」）任じられることが「肝要」と告げられていたことがわかる。いずれにしても、ここに内裏（禁裏・禁中・天皇）と公家社会は、信長を「将軍」（征夷大将軍）に任官する意向をかためたことがあきらかとなろう(5)。

これに対して信長は、『日々記』五月四日条によれば、家臣の「長庵《ちょうあん》」（楠長庵）を介して「御返事申し入」れるつもりはなく、勅使らに「御目かかり申しそうろう儀」も「いかが」かとの言伝を伝えたという(6)。

もっとも、勅使らの熱意にほだされて信長は二日後の五月六日に「御見参」（対面）しているが、『日々記』同日条には、そのとき信長がどのようなことを語ったのかについては何もふれていない。その結果、返事の中味はいまだに闇のなかといった状況がつづいている。

最後の上洛

信長が最後の上洛を果たしたのは、これからおよそ二十日後の五月二十九日のことである。そのさい、吉田兼見は迎えのため「山科」で「午《うま》の刻」（午前十二時ころ）より「雨降る」なか「数刻あい待」ったものの、「御迎えおのおの無用」との「御乱」による「案内」をうけ、「急ぎまかり帰」っている（『兼見卿記』同日条）。また、勧修寺晴豊も「粟田口まで迎えに出」たにもかかわらず、同じように「迎えの衆無用」と告げられたことが知られる（『日々記』同日条）。

あいかわらずの対応といった感じであるが、今回の上洛に関連して注目されるのは、これよりおよそ八日前の二十一日に「三位中将」（信忠）と「参《（三）》川徳川」（家康）が信長より先に上洛していることが確認できる点であろう（『言経卿記』『日々記』同日条）。

『日々記』五月二十六日条によれば、「清水にて能」が催され、「城介・徳河《（川）》」がそれを見物したとされているから、二人が二十六日まで在京したことは確実である。ところが、『宗及他会記』には「五月廿九日に徳川殿堺へ御下津なされそうろう」とみえ、家康が信長と入れかわるようにして出京したことがあきらかとなる。

それに対し信忠のほうはそのまま京都に滞在することとなり(7)、その結果、「本能寺の変」がおこる二日ほど前の五月二十九日には、本能寺「御屋敷」に信長が、そして妙覚寺に信忠が寄宿するすがたがあらわとなった。

今回、信長が上洛したのは、『多聞院日記』六月二日条に「上様きっと西国へ御出馬」とあるように、「西国」へ出陣するためである。ただし、先にもふれたように、このころ信長が上洛するさいには、かならずといってよいほどに「禁中」（内裏、禁裏、天皇）にかかわることがらが関係するようになっていた。

したがって、今回の上洛もまた、「西国」への出陣だけでなく、同月上旬に示された将軍任官に対する「奉答の用意が秘められていた」[8]と考えるのが自然であろう。仮に信長が将軍任官をうける意志をもって上洛したのなら、例の触状にみられた「禁中御修理」(「禁中守護」)、「武家御用」「天下いよいよ静謐」のうちの「武家」(将軍家)にみずからがならんと決意したことを意味する。当然、それ以降の上洛の意味や京都との関係も大きく変化することになったにちがいない。

いっぽう、天正六年(一五七八)に右大臣・右大将を辞職したときと同じように、後嗣の信忠も在京している事実をふまえるなら、信長みずからが任官するのではなく、「顕職をもって嫡男信忠に譲与せしむ」のぞみをもって上洛したとも考えられる。

じつは、この点にかかわって気になるのが、『信長公記』天正十年三月二十六日条にみえる一節についてである。というのも、陽明文庫本の『信長公記』に「天下の儀も御与奪なさるべき旨仰せらる」と記されているところが、岡山大学附属図書館池田家文庫本『信長記』では、「京都の儀も御与奪なさるべきの旨仰せ出ださる」となっているからである[9]。

著者の太田牛一がどのような意図をもって書き分けたのかについてはさだかでない[10]。しかしながら、牛一自筆本である後者を優先するなら、信長は「京都の儀」を信忠に「御与奪」(譲与)する意志をもっていた可能性が考えられよう。もしそうなら、これまた、その後の上洛の意味や京都との関係も大きく変化したにちがいない。いずれにしても、ここでは複数の可能性をならべることしかできないが、そのような可能性すら断ち切るできごとがわずか二日後の六月二日に信長と信忠の身にふりかかってくることになる。

最後の一日、信長の油断

その日の前日、六月一日は、信長が生涯最後に一日をまっとうすることのゆるされた日となる。その最後の一日を信長は京都ですごすことになったが、『言経卿記』同日条によれば、この日の天気は「晴陰《はれくもり》、雨、天霽《は》れ」とめまぐるしいものだったことがわかる。

また、『言経卿記』同日条からは、信長のいる本能寺「御屋敷」へ多数の公家たちのほか「僧中・地下《じげ》少々」も礼（あいさつ）に訪れたことが読みとれる。訪問者のなかには、これまで信長の動向を伝えてきた山科言経のすがたも、勧修寺晴豊のすがたもみられたが（『言経卿記』同日条）、吉田兼見は「神事によりまかり出」（『兼見卿記』同日条）られなかったという。

このように多数の訪問者がみられたということは、進物や音信も多量にもち込まれたことを意味する。ところが、『言経卿記』に「進物は返され」、『日々記』にも「音信どもあるまじき」とみえるように、信長はそれらをいっさいうけとらなかった。

信長にとって本能寺「御屋敷」もまた、旅宿先のひとつと考えられていたからであろうか、あるいは返礼することへのわずらわしさゆえであろうか、その理由についてはさだかでない。ただ、この日は、めずらしく公家たちに「見参」したばかりか、「数刻御雑談」にも応じ、「茶の子」（茶菓子）や「茶」も出したことが『言経卿記』同日条から知られる。

公家たちの本音としては、「茶」より「一盞《いっさん》」（軽い飲酒）のほうがといったところだったのであろうが、それはさておき、『日々記』同日条には、『言経卿記』に記されていない、信長が語ったという「御雑談」の中味が書き残されている。

それによれば、「御雑談」の中味は、「今度関東打ち果たしそうろう物語」や「西国手遣《てづか》い四日出陣」といった合戦話のほか、正月ころより懸案となっていた「十二月」に「閏《うるう》あるべき」という暦をめぐる話などであったことがわかる。

「今度関東打ち果たしそうろう物語」とは、おそらく三月の武田氏滅亡にかかわる武勇伝のたぐいだったのであろう。ここで、わざわざ「関東打ち果たし」の話をもち出していることからも、今回の上洛目的が将軍任官にかかわるものであったことがうかがえる。ただし、それ以上のことについてはわからない。

むしろ、ここで問題とすべきは、これから向かう「西国手遣い」のため信長自身が六月「四日出陣」

ということまで吐露してしまっている点であろう。これによって、信長が少なくとも六月二日と三日は在京し、しかも城ではない「御屋敷」に滞在していることまであきらかとなったからである。

まさに「日ごろのご用心も、この時節御油断にこそ」（『蓮成院記録』六月二日条）とのひとことにつきるが、その「御油断」が旅宿先にすぎない本能寺「御屋敷」でこぼれ落ちた点にこそ、信長が京都で死ななければならなかった理由がもとめられよう。

ちなみに、『日々記』同日条によれば、晴豊ら数人の公家たちは同じ日に「城介殿《じょうのすけどの》」のいる妙覚寺も訪れたようだが、ここでは「見参なく」、東隣の「二条」御所の「御盃《さかずき》」（宴会）に参って、その後帰宅したという。

六月二日

あけて六月二日の「卯《う》の刻」（午前六時ごろ）（『言経卿記』同日条）、あるいは「早天《そうてん》」（『兼見卿記』同日条）に本能寺「御屋敷」でおこったできごとについては、同時代史料の記述があまりにもそっけなく、「則時に前右府打ち死に」（『言経卿記』同日条）や「即時信長生害」（『兼見卿記』同日条）といったこと以上の事実は見いだせない。[11] しかしながら、信長が最後に目にした京都が、本能寺「御屋敷」内の光景だったことはまちがいないであろう。

明智光秀画像　大阪府岸和田市・本徳寺蔵　画像提供：岸和田市役所観光課

それに対して、「京都の儀」を「御与奪」される可能性のあった信忠周辺については、信長より多くの情報が残されている。それは、本能寺「御屋敷」の異変を知った信忠が「妙覚寺を出て、下御所へ取り籠も」（『言経卿記』同日条）ったため「下御所」（二条御所）に住まいする誠仁親王一家の安否に公家たちの関心が集中したからにほかならない。

たとえば、『言経卿記』同日条には、「下御所」（誠仁親王）が「辰の刻」（午前八時ころ）に「上御所」（内裏）へ無事「御渡御《とぎょ》」したとみえ、『兼見卿記』（別本）同日条には、「親王御方・宮・館女中」が「上の御所へ御成」するさいに乗る輿が用意できなかったため、連歌師で知られる里村《さとむら》「紹巴《じょうは》」が、「新在家のあたりより」「荷輿《にないごし》」をさがし出し、まに合わせたと記されているようにである。

また、現場にかけつけた公家たちも少なからずいたようで、『日々記』同日条によれば、晴豊も急ぎ「二条の御所」へ参上したものの、明智勢の「人数取り巻き、入り申すことなら」ざる状態だったという。それればかりか、宿直の「当番の衆」も御所内にいたらしく、彼らは「親王御方」一行に「御供」して「のがれ」たことが、『日々記』同日条には記されている。

そのようななか、「正親町中納言」（季秀《すえひで》）だけは「御供申さず」「残りそうらいて二ヶ所手負い」をうけたのち、「退き申」したという（『日々記』同日条）。この点について『老人雑話』は、「正親町殿」が二条御所を「見舞」ったときにはすでに親王一家が「烏丸の方の門より出」た後であり、そうこうしているうちに「敵は急に攻めければ、出ることならで中にこも」っていたためと伝えている。

「正親町中納言」が「二ヶ所」の「手負い」（負傷）をうけたのは、このような事情があったからだが、御所内にとどまっているあいだに彼が目の当たりにした光景もじつに興味深いものであった。というのも、御所内の「大庭にならび居た」「諸士」のうち、「顔色変じて萎《しお》れたるは、みな家に功ある歴々」であったのに対し、「意気揚々たるはみな新参」であり、そして、「顔色変じらるるものは討ち死」し、「意気揚々たるものどもは、みな狭間《はざま》をくぐりて逃れ」たと『老人雑話』が伝えているからである。

ことの真相はさだかでないが、『兼見卿記』（別本）同日条に二条御所で「村井親子三人、諸馬廻ら数輩、討ち死に数知れず」とみえることからすれば、「家に功ある歴々」にとって、信長が死に、そして信忠が死なんとする刹那にあっておめおめと生きつづける選択肢などは残されていなかったのであろう。

実際、『信長公記』でも、当日、「上京柳原《やなぎはら》」にいた「譜代の御家人」である「土方次郎兵衛《ひじかたじろべえ》と申すもの」

が、主人信長の「御生害の折節《おりふし》」「御相伴申《ごしょうばん》」さなかったことを「無念」に思い、「追腹《おいばら》」を切ったと記されている。また、本能寺のすぐ近く「烏帽子屋《えぼしや》の町に寄宿」していた「小沢三郎六郎」なる人

織田信長・信忠墓所　京都市上京区・阿弥陀寺

物も、寄宿先の「亭主をはじめ隣家のものども」が「まかり退《の》かれそうらえ」と「異見《いけん》」したにもかかわらず、「鑓《やり》を打ちかつぎ、町通二条へあがられ」たと、同じく『信長公記』には記されている。

　このように、侍でなければとうてい理解できない修羅場が本能寺「御屋敷」や二条御所周辺でくり広げられたわけだが、その結果として、「夕方屋敷ども見物」した晴豊が目にする「首、死人数かぎりなし」（『日々記』同日条）といった光景が広がることになった。

　なお、『兼見卿記』（別本）六月二日条には、「本応（能）寺・二条御殿など放火」とみえ、本能寺「御屋敷」と二条御所には火がかけられたことがわかる。実際、『日々記』同日条にも「本のう（能）寺」は「やき打ち」と記されている。

ただし、『蓮成院記録』六月二日条には、「京都本能寺」の「御殿へ火をかけ」とあり、「御殿」（「御屋敷」）が焼けたことはうかがえても、寺全体にどれほどの被害がおよんだのかについてはさだかでない。二条御所のほうはさらにようすがわからないが、そのいっぽうで、同時代史料をみるかぎり、その西隣にあった妙覚寺についても被害にふれた記事がみられず、さほどの被害はなかったと考えるのが自然であろう。(12)

「京都の儀」のゆくえ

こうして、京都と信長との関係は、天正十年（一五八二）六月二日をもっておわりを告げることになった。ただ、『言経卿記』をみてみると、当日の六月二日から四日あたりまでは「京洛中騒動、是非におよばず」「洛中騒動ななめならず」といった記事が記されており、京都が混乱状態に陥っていたようすがみてとれる。

そして、その混乱とは、具体的には『日々記』六月四日条に「ものども退《の》け、禁中小屋懸け」とあるように、にげ場を失った人びと（おそらくは町人たち）が「禁中」（内裏）の庭に避難テントのように「小屋懸け」する光景に代表されていたのだろう。

思い返せば、元亀四年（一五七三）三月、敵意を鮮明にした足利義昭を降伏させるために信長が上洛するとのうわさが流れただけで「洛中洛外もってのほか物忩《ぶっそう》」となり、「京中」の町人たちがことごとく「禁裏御築地のうち」に「小屋懸け」し、「妻子」を避難させた『兼見卿記』三月二十九日条の記事がよみがえってくる。

このことに象徴されるように、町人たち衆庶《しゅうしょ》の目には、信長とは終始、京都にいくさの巷と混乱をもたらす存在として映っていたのではないかといえばいいすぎであろうか。しかしながら、少なくとも「天下いよいよ静謐」の恩恵を町人たちがうけることはあまりなかったように思われる。

もちろん、信長が町人たちの存在を知らなかったわけではない。たとえば、町人たちの自治組織である町・町組などの機能やその意義を信長がみとめていたことは事実である。しかしながら、それも「禁裏様」の「御賄」のための強制的な米の貸し付けにつかわれ、しかも、その利息が町人たちに還元されなかったという点は忘れてはならないであろう。同じような貸し付けをおこなっても、その利息を洛中の橋修理に還元した秀吉の段階とは大きな違いがみられたのである。

さて、六月二日から数日たった六月六日、兼見は誠仁親王より「日向守《ひゅうがのかみ》」（明智光秀）のもとへ「御使」としてくだり、「京都の儀、別儀なきのようかたく申し付くべきの旨」を伝達するよう命じられたことがわかる（『兼見卿記』同日条）。

信長と信忠が京都で命を落としてから十日もたたないというのに公家社会は、光秀に対して「京都の儀」をゆだねる意向を示したわけだが、ここからは、公家社会にとって「京都の儀」をたもつものであれば、結局のところ、だれでもよかったということがあきらかとなる。

ここでいうところの「京都の儀」とは、先にふれたように「天下の儀」ともいいかえられるものであり、イエズス会宣教師のことばをかりれば、「天下、すなわち、都に隣接する諸国からなる君主国」(『十六・七世紀イエズス会日本報告集』)となろう。

もっとも、より京都にそくしていうなら、「京都の儀」とは、都市としての京都を意味するのと同時に、誠仁親王らが属する公家社会やそれにつらなる一部の寺社など、京都の伝統的な支配階層によってかたちづくられてきた社会を意味していたと考えられる。したがって、都市住人として大多数を占めていた町人やその社会は、ごく一部の上層をのぞけば、それに含まれることはなかったにちがいない。

じつは、信長もまた、このような意味での「京都の儀」を意識していたのであり、それゆえ京都には本拠をおかず、城も構えなかったわけだが、後嗣の信忠にその「京都の儀」を「御与奪」させるか、さもなくばみずからが「将軍」に任官し、「武家」として「京都の儀」をたもとうと考えはじめた矢先に京都で命を落とすことになるとは夢にも思っていなかったであろう。

しかしながら、「京都の儀、別儀なきのようかたく申し付」けられた光秀も、それからわずか数日後の六月十三日に「山崎《やまさき》において」「敗軍」し、十五日までには「醍醐のあたりにおいて」「討ち取」(『兼見卿記』各同日条）られる。そのことを思えば、「京都の儀」をたもつことがいかにむずかしいものであったのかがしのばれよう。

もっとも、光秀の「頸・胴体」が「本応（能）寺において曝さ」れた六月十六日（『兼見卿記』同日条）を境にして「禁中」では「地下人」が「小屋」を「壊」し、「おのおの帰宅」するとともに、「洛中洛外安堵《あんど》」したと『兼見卿記』六月十七日条は伝えている。とりあえず京都がいくさの巷になることだけは回避されたとみられたのであろう。

光秀の死後、いったいだれが「京都の儀」をたもつことになるのか、当初は候補となる人物も複数かぞえられたのであろうが、そのなかからぬけ出した羽柴秀吉が、いわゆる天下一統をすすめていくなかで、大坂とともに京都にも城を構え、みずからの本拠としたのは、ここまでみてきた京都と信長との関係をふまえたとき、当然の流れであったといえよう。どうころぶにせよ、「都」＝京都を除外したかたちでの「天下」など考えることができなかったからである。

そして、秀吉の時代、「天下」の意味するところがさらに変化をとげていくのにともない、「京都の儀」が意味するところもまた、町人やその社会も含み込んで拡大していくことになったであろう。このようにして、京都は、信長とはまた異なるかたちで秀吉とのあいだにあらたな関係を模索していくこととなるのである。

故地を訪ねて 8　本能寺跡①

本文でもふれたように、天正十年（一五八二）六月二日に本能寺「御屋敷」でおこったできごとについては同時代史料にとぼしく、その実態はほとんどわからない。したがって、当時の本能寺のようすについてもわからないことばかりであるが、本能寺に残される古文書（『本能寺史料』）などによるかぎり、その敷地が六角通より南、四条坊門小路（蛸薬師通）より北、西洞院通より西、油小路通より東の「方四町々」＝一町（約一二〇メートル×約一二〇メートル）であったことは動かない。

もっとも、その内部となるとたちまち手がかりにこと欠くありさまとなる。ただ、さいわいなことに二〇〇〇年代以降、「方四町々」内において発掘調査が複数回おこなわれており、そこから往時の本能寺にかかわる痕跡がみつかっている。そこで、ここではそれらを紹介しつつ[13]、故地を訪れてみることにしよう〔196頁・図5〕。

まず、蛸薬師通と西洞院通が交差する北西部でおこなわれた発掘調査〔図5―①〕によって東西方向の堀がみつかり、これが本能寺の南側の堀であることが確認された[14]。『上杉本洛中洛外図

「此附近本能寺址」の石碑

屏風』にみえる「法能寺」（本能寺）には堀は描かれていないが、発掘調査によって本能寺の南側に堀が掘られていたことがあきらかとなったのである。

ちなみに、蛸薬師通より南側にあった本能小学校の跡地でおこなわれた発掘調査（図5―②）でも、東西方向に「四条坊門小路の南側に沿って掘られた下京惣構えの濠と考えられ[15]」る幅約四メートル、深さ約一・三〜四メートルの堀が発見されている。

『上杉本洛中洛外図屏風』には、四条坊門小路に沿ってつくられた土塀はみられるものの、堀のすがたはみられない。おそらく発見された堀はこの土塀の北側に掘られていたのであろう。したがって、往時、本能寺の南側にあたる四条坊門小路を西から東へと歩けば、右手に下京惣構の土塀と堀、そして左手には本能寺の南堀を目にすることになったにちがいない。

じつは、この光景を事件当日、目にした人物がいる。明智勢

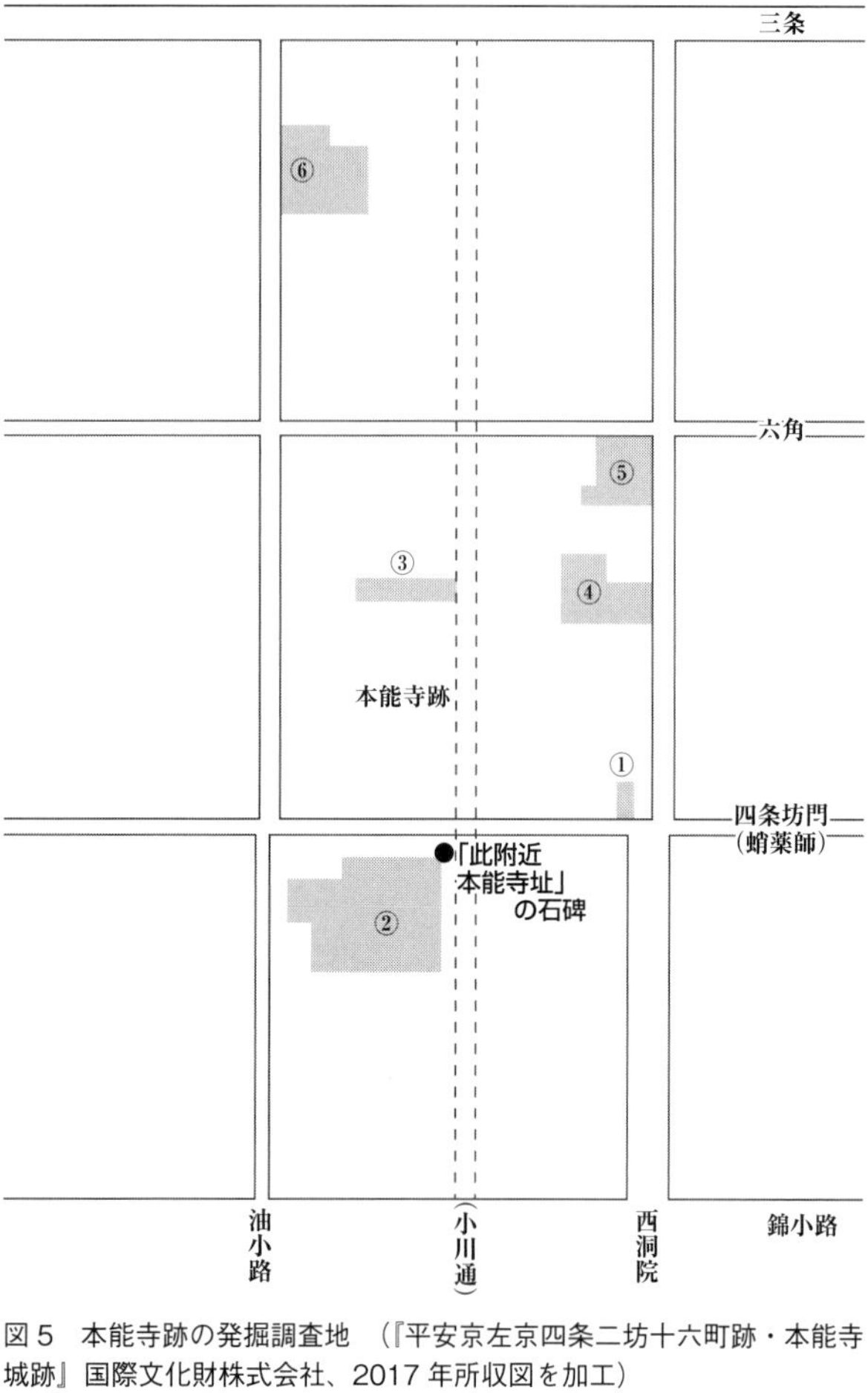

図５　本能寺跡の発掘調査地　（『平安京左京四条二坊十六町跡・本能寺城跡』国際文化財株式会社、2017 年所収図を加工）

のひとりとして本能寺に真っ先に入ったという本城惣右衛門《ほんじょうそうえもん》なる侍である。惣右衛門は、のちに覚書《おぼえがき》（『本城惣右衛門覚書』、天理図書館所蔵、原文、ひらがな）を残したことで知られているが、その覚書のなかに「われらは南堀際へ、東向きに参りそうろう」との一文がみえる。場面は本能寺へ入る直前であり、したがって、ここにみえる「南堀」が本能寺の南堀に相当すると考えられよう。

もっとも、惣右衛門の覚書は、寛永《かんえい》十七年（一六四〇）ころに書かれたものであり、『信長公記』よりさらにあとに成立したものとなる。したがって、どこまで信用できるのかといった点についてはさだかでないが、参考史料のひとつとしてみることはゆるされよう。

そこで、参考ついでに、このあとの惣右衛門の足取りも追いかけてみると、「南堀際」を「東向きに参」ったあと、「本道に出」たと記されている。「本道」という記述だけ

出土した本能寺南側の堀。蛸薬師通の北側に沿って延びる堀で、本能寺の南限を示している（図5-①）
画像提供：京都市埋蔵文化財研究所

出土した本能寺東側の石垣。石垣は4メートル以上、高さは0.8メートル以上あった（図5-④）　画像提供：京都市文化財保護課

では何ともいえないが、本能寺南側の四条坊門小路を東へ向かえば西洞院通に出るから、「本道」とは西洞院通を指すのだろう。

『上杉本洛中洛外図屏風』をみてみると、西洞院通には川が流れており、その川を渡るための橋も描かれている。現在は暗渠となり、川のすがたをみることはできないが、往時のすがたを思いうかべて、覚書に書かれた「はしの際に人一人居申しそうろうを、そのままわれら首取り申しそうろう」との一文をみてみると、惣右衛門が「はし」（橋カ）の近くにいた人物ひとりを討ち取ったことが読みとれる。

そして、「それより内へ入りそうらえば、門は開いて、ねずみほどなるものなくそうらいつる」と覚書には記されている。ここからは、惣右衛門らが西洞院通より「門」をくぐって本能寺「内へ入」ったことがうかがえる。これがもし事実であるとするなら、本能寺には西洞院通沿いに門があり、しかも当日、「門は開いて」いたことになる。「日ごろのご用心も、この時節御油断にこそ」（『蓮成院記録』六月二日条）とは、まさにこのようなことを意味するのかもしれない。

ちなみに、ここまでみてきた内容と『フロイス日本史』に記される「明智の軍勢は御殿の門に到着すると、真先に警備に当たっていた守衛を殺した。内部では、このような叛逆を疑う気配はなく、御殿には宿泊していた若い武士たちと奉仕する茶坊主と女たち以外は誰もいなかったので、兵士たちに抵抗するものはいなかった」との記事は不思議と符合するところが多い。

偶然にしてはあまりにも似通っているようにも思われるが、これらの真偽を裏づける史料も見いだせていない以上、今のところは可能性のひとつとしてうけとっておいたほうがよいであろう。ただ、いわゆる「本能寺の変」が、思いのほか静かな動きのなかでくり広げられていったと考えることはそれほど的をはずしていないのかもしれない。

故地を訪ねて 9　本能寺跡②

本能寺は、秀吉の時代に現在地（中京区寺町通御池下ル下本能寺町）に移転し、その後、跡地のまん中には南北の道路が通される（『洛中絵図』ほか）。つまり、跡地は東西に分断されることになったが、その西側の中ほどでおこなわれた発掘調査[16]〔図5―③〕によって「礎石を据えた柱穴の根石部分」がみつかり、「本能寺の建物の一部を検出した」とされている。

しかも、同地では本能寺の「能」の異体字が刻まれた「軒丸瓦や火を受けて赤く変色した平瓦・丸瓦」や「焼けた壁土と考えられる焼土塊・焼土粒・炭」がみつかっており、これらが「本能寺の変」にともなう火事の痕跡と確認されている。したがって、このあたりに本能寺の建物があったことはまちがいないであろう。

いっぽう、東側の中ほど、西洞院通に面したところでおこなわれた発掘調査[17]〔図5―④〕でも「能」銘の文字瓦」や「鬼瓦」が発見されている。もっとも、鬼瓦は「いずれも小振りで、大棟の瓦ではなく、下棟《くだりむね》か門などに使用されていた可能性がある」とされている。あるいは、本城惣右衛門の覚書にみえる「門」と関連するものかもしれない。

また、同じ場所では、「北側から延び、西に向かってL字形に折れ曲がる堀」や「二メートル以上にわたって高さ〇・八メートル以上の石垣」もみつかっており、「これらは本能寺の内部を区画する堀の一部と考え」られている。

礎石を据えつけられたと考えられる穴（図5-③）　画像提供：京都市埋蔵文化財研究所

さらに、これより北側にあたる六角通と西洞院通が交差する西南部分でおこなわれた発掘調査[18]〔図5―⑤〕でも井戸や軒瓦が発見されている。

このように、「方四町々」内でおこなわれた発掘調査によって本能寺にかかわる痕跡がいくつか発見されたことが知られるが、ここで注意しておく必要があるのは、本能寺は事件後ただちに廃墟になったわけではなく、しばら

図5-④から出土した瓦　京都市蔵　画像提供：京都市文化財保護課

くして同じ場所で再建がはかられたということが確認できる点であろう(19)。

たとえば、天正十年七月三日には、秀吉とともに光秀を討った織田信孝《のぶたか》が「御屋敷」の跡地を信長の「御墓所」とするため「旧地」を「寺僧」に「返し遣わす」とともに、その「還住《げんじゅう》」をうながす書状（『本能寺史料』）を出している。

また、「還住」は「寺僧」たちも強くのぞんでおり、それを「筑州《ちくしゅう》」（羽柴秀吉）へ「御訴訟」していたことが、同年七月十一日・十三日付けの増田長盛《ましたながもり》書状（『本能寺史料』）からあきらかとなる。

そして、同年八月九日には、秀吉・信孝とともに光秀を討った池田恒興《いけだつねおき》が本能寺「御再興」について「馳走」する旨の書状（『本能寺史料』）を出している。これらの事実から、天正十年中には本能寺「御再興」の動きははじまっていたとみられよう。

池田恒興画像　大阪城天守閣蔵

ただし、実際の再興には今しばらくの時間が必要となった。たとえば、「天正拾七年本堂建立」という記事が書かれた文書（『本能寺史料』）が残されており、「本堂」の再建までに七年の年月が必要だったと考えられるからである。しかも、同じ文書には「天正拾九年新屋敷へ移る」とみえ、「本堂建立」からわずか二年後には現在地への移転を余儀なくされたこともあきらかとなる。このようなことをふまえるなら、発掘調査でみつかった遺物や遺構は「御再興」にあたって整地がほどこされ、現在地に本能寺が移転したのち地中に埋められたものとみなければならないであろう。

なお、発掘調査は「方四町々」の外側でもおこなわれているが、そのひとつ、六角通より北側でおこなわれた発掘調査[20]〔図5―⑥〕では「寺跡や「御殿」を示す建物遺構は検出でき」なかったとされている。

また、発掘されたあたりは「畠であったとみていて、建物が存在していた可能性は極めて少ない」という。その結果、発掘調査から本能寺の「敷地が一町四方であったことは疑う余地がない」とも結論づけられている。かぎられた範囲での調査とはいえ、同時代史料がとぼしいなか発掘調査の成果は尊重すべきであろう。

このように、信長は「方四町々」＝一町という、けっして広大とはいえない敷地の、さらにその一角に普請された「御屋敷」でその生涯を終えたことになる。今では道路の名や元本能寺町など町名以外、何ひとつ地上には残されていないが、かつて本能寺があった四周を歩いてみるだけでもそのせまさが実感できるにちがいない。

註

（1）金子拓『戦国おもてなし時代—信長・秀吉の接待術—』（淡交社、二〇一七年）。

（2）本多健一『中近世京都の祭礼と空間構造—御霊祭・今宮祭・六斎念仏—』（吉川弘文館、二〇一三年）。なお、厳密にいえば、下御霊社と下御霊御旅所の所在地は同時代史料によって確定することがむずかしく、『上杉本洛中洛外図屏風』の墨書をまちがいとしてよいのかという判断は留保せざるをえないと考える（河内将芳「戦国期・豊臣政権期京都の御霊祭に関する二、三の問題—文禄五年を中心に—」同『都市祭礼と中世京都—表象と実像—』法藏館、二〇二四年、初出は二〇一八年）。また、黒嶋敏『秀吉の武威、信長の武威—天下人はいかに服属を迫るのか—』（平凡社、二〇一八年）では、史料にみえる「獄門」ということばより、『晴豊記』にみえる「下五りやう」は「かつて、検非違使の獄所（東獄）の存在した近衛西洞院と隣りあう区画」とみている。

（3）平山優『武田氏滅亡』（角川選書、二〇一七年）によれば、三人の首は妙心寺の南化玄興に「下賜され、妙心寺に移し、これを埋葬」したという。また、彼らの「墓石は、妙心寺塔頭玉鳳院境内の開山堂近くに現存している（非公開）」という。

（4）かつて三職推任として議論されてきたことがらにあたるが、近年、金子拓氏（同『織田信長〈天下人〉の実像』講談社現代新書、二〇一四年）によって「「三職推任」は将軍推任である」とされていることに依拠したものである。なお、同様のことは、すでに藤田達生氏（同『信長革命—「安土幕府」の衝撃—』角川選書、二〇一〇年）ものべており、さかのぼれば、『日々記』の紹介を最初におこなった岩澤愿彦氏（同「本能寺の変拾遺—『日々記』所収『天正十年夏記』について—」『歴史地理』第九十一巻四号、一九六八年）も言及している。

（5）金子氏前掲『織田信長〈天下人〉の実像』参照。

（6）註（3）参照。

（7）（天正十年）五月二十七日付けの織田信忠書状（『小畠文書』）によれば、信長が「中国表」へ「御馬出ださるべき」

ことを聞き、自分は「堺見物」を「遠慮」し、「これに相待ち申す」旨を「森乱」を通して「口上」していたことがわかる。

（8）岩澤氏前掲「「本能寺の変拾遺―『日々記』所収『天正十年夏記』について―」参照。

（9）渡辺江美子「織田信忠考」（『日本歴史』四四〇号、一九八五年）。

（10）『永禄十一年記』（尊経閣文庫所蔵）の巻末に「太田又助」の名で「信長京師鎮護十五年」とみえ、太田牛一の理解として「天下」と「京師」（京都）が同じものととらえられていた可能性は高いであろう。なお、『永禄十一年記』については、石田善人「信長記十五巻解題」（岡山大学池田家文庫等刊行会編『信長記』福武書店、一九七五年）参照。

（11）河内将芳『信長が見た戦国京都―城塞に囲まれた異貌の都―』（法藏館文庫、二〇二〇年、初出は二〇一〇年）、同『日蓮宗と戦国京都』（淡交社、二〇一三年）参照。

（12）藤井学『本能寺と信長』（思文閣出版、二〇〇三年）、河内前掲『日蓮宗と戦国京都』参照。

（13）『本能寺の変遷　リーフレット京都』二一一（京都市埋蔵文化財研究所・京都市考古博物館、二〇〇六年）、『本能寺―町名の変遷―　リーフレット京都』二一二（同上、二〇〇六年）、『「本能寺の変」を調査する　リーフレット京都』二三一（同上、二〇〇八年）。

（14）『京都市埋蔵文化財研究所発掘調査報告　二〇〇七―一一　平安京左京四条二坊十五町跡　本能寺城跡』（二〇〇八年）。

（15）『京都市埋蔵文化財研究所発掘調査概報　二〇〇三―五　平安京左京四条二坊十四町跡』（二〇〇三年）。

（16）「Ⅳ　平安京左京四条二坊十五町跡・本能寺城跡」（『京都市内遺跡発掘調査報告　平成十九年度』（京都市市民局、二〇〇八年）。

（17）『本能寺跡発掘調査報告　平安京左京四条二坊十五町』（関西文化財調査会、二〇〇八年）。前掲『「本能寺の変」を調査する　リーフレット京都』二三一参照。

（18）『本能寺城跡―平安京左京四条二坊十五町―』（古代文化調査会、二〇一二年）。
（19）河内将芳「中世本能寺の寺地と立地について―成立から本能寺の変まで―」（同『戦国仏教と京都―法華宗・日蓮宗を中心に―』法藏館、二〇一九年、初出は二〇〇八年）。
（20）『平安京左京四条二坊十六町跡・本能寺城跡』（国際文化財株式会社、二〇一七年）。

あとがきにかえて（旧版）

不幸な関係だったといえば、いいすぎだろうか。京都と信長との関係である。しかしながら、少なくとも円満とはいえなかったように著者には思える。なにしろ信長のほうが、必要最低限以上に京都には滞在しようとしなかったことが本書からもあきらかになったと思われるからである。

なぜそのようになってしまったのか、その理由はいろいろ考えられるが、そのひとつとして、信長が「畿内文化」を取り入れつづけてきた織田弾正忠家で育ったという点があげられるだろう（尾下成敏「戦国期の織田弾正忠家と和歌・蹴鞠・連歌」『織豊期研究』十九号、二〇一七年）。

京都を中心にかたちづくられてきた「畿内文化」に根ざす常識や教養が無意識のうちに信長にも染みつき、それによって、京都に対する距離感や遠慮が生み出されていったのではないかと考えられるからである。

それは、みずからの「参洛」（上洛）の目的を「禁中御修理」（のちに「禁中守護」）「武家御用」「天下いよいよ静謐」においた、例の「触状」にも端的にあらわれている。また、最後の最後までそれらを律儀に守り、「天下」＝京都の外にあたる近江国安土から、いわゆる天下一統をめざそうとしていたことからもあきらかといえよう。

その点、何のためらいもみせず、洛中にいくつもの城を構え、しかも関白にまで任官し、はては京都に対し遠慮なく空間的な改造をほどこして「天下」の中から天下一統をなしとげた秀吉とは大きな違いといえる。信長のように、一定の階層以上の家で生まれ育ったものなら染みついていたであろう常識や教養が秀吉には欠落していたためであったともいえる。あるいは、そのことを逆手にとって最大限に利用したからこそできたことばかりだったといえるかもしれない。

それほどに京都は常識や教養をそなえたものほど足をふみ入れるのに躊躇し、その距離のとりかたに苦労するところでもあった。しかしながら、天下一統に京都をはずすわけにはいかず、そのことをふまえるなら、信長をはじめとした天下人たちの悩みはつきなかったにちがいない。

もうひとつの理由としては、やや妄想に近いが、宣教師ルイス・フロイスが書き残しているように、もし信長が「酒を飲ま」（『フロイス日本史』）なかったのであれば、「度を過ぎた飲酒」（金子拓『戦国おもてなし時代―信長・秀吉の接待術―』淡交社、二〇一七年）が日常であった公家社会になじめなかったこともあげられるのではないだろうか。

もちろん、武家社会においてもさほどに違いはなかったであろうし、そもそも公家たちと対峙するにあたって礼儀作法や先例に信長が通じていなかったことも関係していたのではないかと考えられる。ただ、それでも飲酒をめぐる度の過ぎ方には大きな違いがあったにちがいない、と公家の日記を読むたびそう思ってしまうのは、酒をたしなまない「甘党」である著者の偏見のなせるわざかもしれない。この点については、大方のご教示をいただければと思う。

さて、本書は、二〇〇八年五月の第十七回平安京・京都研究集会「戦国時代の本能寺と織田信長」、二〇〇九年三月の第十九回京阪・文化フォーラム「公家・町衆からみた信長」、同年四月の第二十三回織田信長サミットに向けて連続講座「京都の人々が見た信長」、二〇一一年七月の第二十二回平安京・京都研究集会「信長と京都―河内将芳著『信長が見た戦国京都』をめぐって―」、二〇一六年十一月の第四回東海学シンポジウム「信長の京都宿所と本能寺の変」、二〇一七年三月の滋賀県立安土城考古博物館連続講座「京都の信長」、二〇一七年七月の岐阜市歴史博物館特別展「Gifu信長展―もてなし人　信長　知られざる素顔―」関連講座「信長の上洛―岐阜〜京都間の路次を中心に―」、二〇一八年六月の歴史に憩う橿原市博物館特別展「信長・秀吉の天下統一と大和十市氏」関連講演会「信長の天下、秀吉の天下」など、いくつかの研究会やシンポジウム・講演会などに参加させていただいた折々に考えてきたことをまとめたものである。

あくまで京都に軸足をおいたものばかりであり、例により信長ファンが期待するような内容とは対極にあるものとなってしまったのではないかと思われるが、そのような風変わりな書物が一冊ぐらいあってもよいのではないかという著者のわがままを安井善徳氏にうけ入れていただいた結果、日の目をみたものとなる。

安井氏には、『日蓮宗と戦国京都』、『絵画史料が語る祇園祭―戦国期祇園祭礼の様相―』といった、これまた風変わりな書物につづけて、ご面倒をおかけすることになった。あらためて御礼申しあげるとともに、本書のもとになった研究会やシンポジウム・講演会などでお世話になった方々に対しても感謝の意を表して、あとがきにかえたいと思う。

二〇一八年十月

河内将芳

あとがきにかえて（新版）

本書は、二〇一八年に淡交社から刊行され、絶版となった『宿所の変遷からみる　信長と京都』を装いもあらたに、増補改訂・改題したうえで刊行するものである。もっとも、刊行からそれほど時間もたたないうちに絶版となり、著者として残念に思っていたところ、戎光祥出版の丸山裕之氏にご相談をもちかけ、無理をおして刊行していただいたというのが実際のところである。著者の無謀な願いをお聞き入れいただいた丸山氏には、申し上げることばもない。こころから御礼申し上げたいと思う。

これまで刊行する機会を得てきた、いずれの著書にも共通することだが、著者の場合、その内容は完成形をめざしたものというより、途中経過を報告し、江湖に問おうとしたものといったほうが実態に近い。本書もまた同様であり、「信長在京表」についても、ひきつづき関連する史料へのめくばりを怠ることなく、より充実したものになるよう心がけていきたいと思う。

さて、本書の註でも少しふれたが、本書の内容にかかわって重要な論考が二〇二四年三月に公表された。谷徹也「織豊期の京都屋敷」（藤川昌樹・山本雅和編『近世京都の大名屋敷』文理閣、二〇二四年）である。もっとも、谷氏の論考は、信長時代のみならず、秀吉時代も視野に入れた広範にして精緻な研究であり、著者を含め斯界に関心をもつものにとっては、今後の指針にして、土台となるべきものといえる。

したがって、その内容をここでくわしく紹介する余裕などとうていないが、たとえば、明智光秀の宿所を例に少しだけふれてみると、本書でもみた永禄十三年（一五七〇）に二度、信長が入ったという「明智十兵衛尉所」については、「上京のうち、義昭御所の周辺にあったと見てよいのではないだろうか」とされている。また、光秀は、「元亀三年（一五七二）以降には徳雲軒（のち施薬院）全宗の所に泊まっているのが確認でき」るとされ、さらには、「二条（二条殿屋敷周辺か）に宿所を有していた」とも言及されている。

「全宗の所」と「二条」については、早島大祐氏の研究（同「『戒和上昔今禄』と織田政権の寺社訴訟制度」『史窓』七四号、二〇一七年、同『明智光秀―牢人医師はなぜ謀叛人となったか―』ＮＨＫ出版新書、二〇一九年など）によるものと考えられるが、とりわけ後者は、早島氏が紹介した『戒和上昔今禄』にみえる「二条屋ト《宿》」を指すのであろう。

この「二条屋ト《宿》」については、桐野作人氏（『明智光秀と斎藤利三―本能寺の変の鍵を握る二人の武将―』宝島社新書、二〇二〇年）が紹介した（年未詳）六月八日付斎藤利三書状（『日本書蹟大鑑』十一）にみえる「光秀屋敷」とどのような関係にあるのか、興味がひかれるところである。また、谷氏が指摘している「本能寺の変後は光秀が一時占拠していたものか」とされる「二条殿屋敷」の「一部の建物」

との関係も注目される。
このように、信長の宿所ではないものの、有力家臣の宿所についても、それが旅宿なのか、屋敷なのかといったことを含め、まだまだ検討しなければならない課題は残されている。些事といわれればそれまでだが、大きな議論がにがてな著者としては、ひきつづきこのような細かなことにこだわりつづけて、少しでも参考に供することができればと思う。

二〇二四年十月

河内将芳

※本書は、科研費・基盤研究C・課題番号二三K〇〇八三〇の研究成果の一部である。

―索引―

・本文中（目次・凡例・図表・註・あとがき等をのぞく）の主要な語句（地名・寺社名・史料名・人名）を五十音順で配列した。

あ

か

さ

た

な

は

ま

や

ら

【著者紹介】

河内将芳（かわうち・まさよし）

1963 年、大阪市生まれ。

京都府立大学文学部卒。京都大学大学院人間・環境学研究科博士課程修了。京都大学博士（人間・環境学）。

甲南中学高校教諭、京都造形芸術大学芸術学部准教授を経て、現在、奈良大学文学部教授。

最近の著書に、『落日の豊臣政権』（吉川弘文館、2016 年）、『戦国京都の大路・小路』（戎光祥出版、2017 年）、『戦国仏教と京都』（法藏館、2019 年）、『室町時代の祇園祭』（法藏館、2020 年）、『信長が見た戦国京都』（法藏館文庫、2020 年）、『改訂　祇園祭と戦国京都』（法藏館文庫、2021 年）、『大政所と北政所』（戎光祥出版、2022 年）、『都市祭礼と中世京都』（法藏館、2024 年）などがある。

装丁：山添創平

織《お》田《だ》信《のぶ》長《なが》と京《きょう》都《と》

二〇二四年十二月十日　初版初刷発行

著　者　河内将芳
発行者　伊藤光祥
発行所　戎光祥出版株式会社
東京都千代田区麹町一－七
相互半蔵門ビル八階
電　話　〇三－五二七五－三三六一(代)
FAX　〇三－五二七五－三三六五
編集協力　株式会社イズシエ・コーポレーション
印刷・製本　モリモト印刷株式会社

https://www.ebisukosyo.co.jp
info@ebisukosyo.co.jp

ISBN978-4-86403-552-1